GELASSEN *leben*

GELASSEN leben

Achtsamkeit lernen und Stress reduzieren

KATHARINA MIDDENDORF

SO FUNKTIONIERT DAS BUCH

Herzlichen Glückwunsch!

Sie haben den ersten Schritt getan und den Entschluss gefasst, dass sich etwas ändern soll. Von nun an werden Sie dem Stress die Stirn bieten! Die schlechte Nachricht zuerst: Dieses Buch wird nicht alle Ihre Sorgen sofort und für immer in Luft auflösen.

Die gute Nachricht

Gelassenheit, Glücksempfinden und Selbstfürsorge lassen sich trainieren. Ebenso wie eine gesunde Beziehungsgestaltung oder gelungene Kommunikation. Man muss nur wissen wie. Dieser Ratgeber wird Ihnen dabei helfen, Ihren persönlichen Umgang mit stressigen Situationen zu verbessern und fortan souverän durch die Höhen und Tiefen des Alltags zu navigieren. Für rundum mehr Zufriedenheit in allen Lebensbereichen – von Partnerschaft über den Beruf bis hin zu Ihrer Beziehung mit sich selbst.

Simpel und wirkungsvoll

Optimal für einen hektischen Alltag ist unser Doppelseiten-Prinzip: In allen Kapiteln finden Sie Seitenpaare mit sprechenden Bildern. Die linke Seite zeigt jeweils, was Sie lieber vermeiden sollten – die rechte, wie es entspannter geht.

Alles geben? Immer freundlich lächeln? Hauptsache durchziehen? **BESSER NICHT!** Was Stress erzeugt und für Unzufriedenheit sorgt, steht auf der linken Seite.

Viertel vor zwölf

Haben Sie schon einmal auf die Frage, wie es Ihnen geht, geantwortet „Im Grunde gut, aber ich habe einfach so viel zu tun, mir fehlen Zeit und Ruhe"? Wer das Bedürfnis nach Erholung und Leichtigkeit immer wieder ignoriert, läuft Gefahr, irgendwann auszubrennen. Von 100 Menschen erkranken 16 bis 20 mindestens einmal in ihrem Leben an einer Depression oder einer chronisch depressiven Verstimmung. Ohne dass wir uns zu weit aus dem Fenster lehnen wollen: Mit diesem Buch möchten wir Sie dabei unterstützen, langfristig für Ihre seelische Gesundheit zu sorgen und Ihre psychische Widerstandskraft zu stärken. Und zwar, bevor es zu spät ist. Also um Viertel vor, statt um fünf nach zwölf.

selbst zu sein und wie das geht. Kapitel vier lüftet das Geheimnis von gesunden Beziehungen und im fünften Kapitel finden Sie Tipps, wie Kommunikation gelingt. Zum Schluss laden wir Sie im sechsten Kapitel dazu ein, einen Blick in die Zukunft zu wagen. Trauen Sie sich!

Ihr Weg durchs Buch

Stresserleben ist so individuell wie der Mensch selbst. Manch eine behält selbst bei einem verpassten Flug die Ruhe, jemand anders wird schon bei der Vorstellung nervös, die Zahnbürste vergessen haben zu können. Ebenso kann es sein, dass ein und dieselbe Person im Job ein ziemlich dickes Fell hat, bei Konflikten zu Hause allerdings recht dünnhäutig ist. Sie werden beim Lesen vermutlich merken, dass Sie sich bei manchen Themen stärker angesprochen fühlen als bei anderen. Oder vielleicht auch noch nicht bereit sind, bestimmte Schwierigkeiten anzugehen. Das ist total okay! Dieses Buch folgt zwar einer bestimmten Abfolge, es spricht aber nichts dagegen, gezielt bestimmte Inhalte anzusteuern. Im ersten Kapitel lernen Sie die verschiedenen Stressreaktionen kennen und wie Sie in Ihrem Alltag für Entspannung sorgen können. Im zweiten Kapitel dreht sich alles um Spaß, Sex und das Leben. Kapitel drei zeigt Ihnen, wieso es so wichtig ist, freundlich mit sich

Auch mal nehmen? Herzhaft lachen? Öfter mal tief durchatmen? **VIEL BESSER!** Wie Sie Ihren Alltag mit mehr Gelassenheit meistern und Tag für Tag mehr Zufriedenheit erleben, lesen Sie auf der rechten Seite. Probieren Sie es aus!

Hilfe finden

Dieses Buch kann vieles, aber nicht alles. Es kann passieren, dass Sie beim Lesen Beobachtungen über sich machen, die Ihnen unangenehm sind. Vielleicht stellen Sie auch fest: Alleine komme ich nicht weiter. Deshalb erläutern wir im Service-Teil, wie Sie einen Psychotherapeuten oder eine Psychotherapeutin in Ihrer Nähe finden. Dort finden Sie auch die wichtigsten Telefonnummern und Anlaufstellen, für den Fall, dass Sie in eine akute psychische Krise geraten. So oder so kann es anstrengend sein, sich mit sich selbst auseinanderzusetzen. Aber es lohnt sich auf jeden Fall. Versprochen!

INHALTSVERZEICHNIS

Stress hat viele Gründe!
Die meisten Ursachen von Stress
nehmen ihren Anfang jedoch dort, wo
es ans Eingemachte geht. Nämlich dann,
wenn wir uns als Mensch bedroht fühlen.
Diese Angst befällt uns nicht nur, wenn plötzlich ein brüllender Tiger vor uns steht, sondern
immer häufiger in alltäglichen Situationen.
Erfahren Sie in diesem Kapitel mehr zu den
positiven und negativen Folgen von
Stress als Reaktionsmuster.

Den Stress an der Wurzel packen

STRESS, LASS NACH!

Der Gegenspieler von Gelassenheit ist Stress. Und den können wir durch die unterschiedlichsten Empfindungen in den verschiedenen Bereichen unseres Lebens wahrnehmen: ob in Familie, Beruf, Partnerschaft, Freundschaft oder bei der Beschäftigung mit den großen (und kleinen) Fragen des Lebens: „Wer bin ich?", „Was will ich?" oder auch „Was soll ich heute bloß kochen?"

Stress hat im Allgemeinen einen schlechten Ruf, dabei ist er nicht nur ganz natürlich, sondern sogar überlebenswichtig. Er sorgt dafür, dass wir bei einer Bedrohung, ohne zu überlegen, blitzschnell reagieren und uns in Sicherheit bringen. Werden Stressfaktoren wie finanzielle Sorgen, Beziehungskonflikte oder Leistungsdruck aber zu ständigen Begleitern, versetzen sie den Körper in einen dauerhaften Alarmzustand.

Stress ist nicht gleich Stress

Stress drückt sich auf unterschiedliche Weisen aus. Die wichtigste Unterscheidung vorneweg: Es gibt beim Stress so etwas wie Engelchen und Teufelchen, nämlich positiven und negativen Stress (S. 14). In diesem Buch wird es hauptsächlich um das Teufelchen gehen und wie wir es vermeiden, in Schach halten oder Freundschaft schließen, um ein gelasseneres und zufriedeneres Leben führen zu können.

Stresserleben ist individuell

Wie wir Stress wahrnehmen, hängt von vielen Faktoren ab – unter anderem von unseren persönlichen Stressoren (siehe S. 14). Bei externen Stressfaktoren, etwa im sozialen und kulturellen Umfeld, können wir bedingt selbst eingreifen, während wir bei internen Stressfaktoren, also solchen, die in unserer Biografie oder Genetik begründet sind, manchmal professionelle Hilfe brauchen. Wie stark Stress belastet und wie schnell er in Depressionen oder Burn-out umschlagen kann, hängt natürlich auch von der individuellen psychischen Verfassung ab und von der Fähigkeit zur Stressbewältigung.

Wie entsteht Stress?

Die Quelle von dauerhaftem Stress ist eine Kombination aus Angst und der konstanten Missachtung der eigenen Grenzen und Bedürfnisse. Das Gefühl von Überforderung bereitet der Angst einen nahrhaften Boden, auf dem Stress optimal gedeiht und sich entfalten kann. Wie die Bedrohungssituation, in der Sie sich befinden, geartet ist, ob Sie Gewalt fürchten oder mit einer unbekannten Situation konfrontiert sind, die Unsicherheiten hervorbringt, ist bei der Entstehung von Stress zunächst unerheblich. Für die Bewältigung ist es jedoch entscheidend, die persönlichen und wiederkehrenden Stressfaktoren zu kennen und zum Beispiel mit der Stärkung des Selbstwertgefühls oder auch mit einem besseren Zeitmanagement im Arbeitsalltag für mehr Gelassenheit zu sorgen.

Wie funktioniert Stress?

Stress läuft als Reaktionskette in unserem Gehirn ab. Gibt es eine Bedrohung, springt als Erstes unsere Alarmzentrale, das limbische System, an und signalisiert: „Hier stimmt was nicht!" Eine Folge kann zum Beispiel Wut sein, das kennen Sie sicher aus gefährlichen Situationen im Straßenverkehr. Dann reagiert leider oft der älteste Teil Ihres Gehirns, der Ihre Instinkte beheimatet. Von diesem sogenannten Reptiliengehirn werden die Grundfunktionen des Körpers gesteuert.

Im Falle einer Bedrohung werden Atmung und Herzschlag stärker, die Muskeln machen sich bereit für eine Reaktion. Eventuell beginnen Sie, zu schreien oder wild zu gestikulieren. Einige Zeit später wird der jüngste Teil des Gehirns – der Neocortex – eingeschaltet, der auf alte Erfahrungen zurückgreift, analysiert und dann vielleicht entscheidet, dass die Reaktion ein wenig unverhältnismäßig war.

Stressmechanismen

Unser Gehirn macht in einer akuten Stresssituation keinen Unterschied zwischen einer Wildkatze und einem Abgabetermin: Wir reagieren schnell und automatisch. Früher ging man von zwei möglichen Stressreaktionen aus, mittlerweile sind es vier.

1. TYP „Attacke!" (Kampf)

Sie treten der Bedrohung aktiv entgegen und demonstrieren Stärke. Das bedeutet nicht zwangsläufig einen Ringkampf, auch Wutausbrüche, Kritik- und Vorwurfslawinen kennzeichnen diese wohl bekannteste Stressreaktion.

2. TYP „Bloß weg!" (Flucht)

Sie verspüren den Impuls, die Situation schlagartig zu verlassen, und flüchten regelrecht vor der Bedrohung. Auch Süchte jeder Art sind eine beliebte Fluchthilfe.

3. TYP „Ich bin nicht da!" (Erstarren)

Um das eigene Überleben zu sichern, stellen sich Körper und Geist tot. Häufige Strategien sind viel Schlaf, körperliche Starre und sozialer Rückzug.

4. TYP „Du bist toll!" (Schmeicheln)

Um sich sicher zu fühlen, bemühen Sie sich, dem Angreifer zu gefallen, Komplimente zu machen und für gute Laune zu sorgen. Eine oft erfolgreiche Strategie, einer Gefahr unversehrt zu entkommen.

Unterdrücken?

Schon Sigmund Freud hat es vermutet: Wenn man Gefühle unterdrückt, verschwinden diese nur kurzzeitig in den weiten **UNTIEFEN** des Unbewussten.

Alte Weisheiten sind nicht immer von gestern. Das **SPRICHWORT** „Das dicke Ende kommt zuletzt" zeigt, was passiert, wenn Sie sich dem Problem nicht sofort stellen.

GEFÜHLE KENNEN KEIN STOP: Eine stressige oder gar gefährliche Situation kann kurzzeitig beendet oder weggeschoben werden. So verschaffen Sie sich eine Verschnaufpause. Die haben Sie wahrscheinlich auch dringend nötig, um wieder einen kühlen Kopf zu bekommen.

Doch wenn Sie wieder klar denken können, sollten Sie sich der Situation und den damit verbundenen Gefühlen stellen. Sonst sprudeln diese mit Sicherheit an anderer Stelle heraus – und das dann leider meist recht unkontrolliert und für einen selbst kaum mehr zuzuordnen.

Rauslassen!

PLÄTSCHERN DER GEFÜHLE: Die Erfahrung zeigt, wer seinen Gefühlen regelmäßig Raum gibt, hat weniger unkontrollierte Gefühlsausbrüche.

Bei zwischenmenschlichem Stress ist der größte Teil der Emotion nicht durch die aktuelle Situation bedingt, sondern durch zurückliegende **ERFAHRUNGEN.**

ALLE GEFÜHLE DÜRFEN SEIN: Wenn Sie das Unbewusste gelegentlich ans Licht holen und verborgenen, meist unliebsame Emotionen gestatten, sich zu äußern, erleben Sie langfristig weniger böse Überraschungen und mehr emotionale Stabilität. Vielleicht schließen Sie sogar Freundschaften mit den zunächst beängstigenden Gefühlsregungen. Setzen Sie sich einfach mal hin und beobachten Sie Ihre Empfindungen mit Interesse. Dazu braucht es einen Moment Ruhe und die innere Einstellung, nichts wegschieben zu müssen.

DAS KLEINE EINMALEINS VON STRESS

Die eigenen (hohen) Ansprüche machen den Deutschen, laut einer Studie der GfK (Gesellschaft für Konsumforschung), mit 23 Prozent am meisten Stress.

Ist Stress also hausgemacht? Nicht nur! Stress beschreibt im Groben alles, was unser Wohlbefinden stört, bedroht oder beeinträchtigt und uns aus der Bahn wirft. Der Körper setzt dann Anpassungsvorgänge in Gang (siehe S. 17), um zurück ins Gleichgewicht zu finden. Die Stressreaktion dient also eigentlich der Selbstregulation. Wer die Wirkweisen von Stress versteht, ist besser in der Lage, selbst Einfluss zu nehmen und dafür zu sorgen, dass Stress keine langfristigen Schäden im Organismus hinterlässt.

Stress ist individuell: Wie der Einzelne Stress erlebt und darauf reagiert, hängt von unterschiedlichen Faktoren ab. Dazu gehören die genetische Ausstattung, die eigene Entwicklung und der momentane Allgemeinzustand. Je nach Zusammenspiel dieser Faktoren entscheidet sich, ob der Stressreiz als unkontrollierbar oder als kontrollierbar wahrgenommen wird. Führt die Stressreaktion zu einer Anpassung in Richtung Gleichgewicht, reden wir von einer Stresbewältigung.

Extra-Info: Bei der Unterscheiden zwischen positivem (Eustress) und negativem (Disstress) Stress wird oft vergessen, dass jede Form von Stress bewältigt werden muss.

Drei Phasen: Der Mensch ist seit jeher gut gerüstet für kurzen (akuten) Stress. Dabei läuft jede Stresssituation in drei Phasen ab: Alarm, Widerstand und Entspannung. Damit Stress bewältigt werden kann, müssen alle drei Phasen durchlaufen werden. Bei Auslassen einer Phase wird der Stress nicht vollständig gemeistert und der Prozess stockt. Oft werden körperliche Bedürfnisse und das Zurückführen von Energie wenig beachtet, die Stressantwort bleibt damit unvollständig.

Extra-Info: Der Organismus kann sich nur bedingt aus eigener Kraft regenerieren und zurück ins Gleichgewicht finden. Sorgen Sie daher bewusst für ausreichend Erholung!

Stressoren

Die Ursachen: Stressoren sind innere und äußere Reize, die Stress auslösen können. Dabei ist es ganz individuell, welche Stressoren beim Einzelnen in welcher Intensität zu Stress führen. Es gibt körperliche Stressoren wie Krankheiten, Leistungsstressoren wie zu viel Arbeit, soziale Stressoren wie Streit oder Konflikte und physikalische Stressoren wie Lärm oder Licht.

Extra-Info: Unterschiedliche Stressoren können zu unterschiedlichen Stressantworten führen, z. B. Prüfungsangst zu Muskelverspannungen, innerer Unruhe oder Konzentrationsschwierigkeiten und partnerschaftliche Probleme zu erhöhtem Herzschlag und Übelkeit.

Stresshormone

Die Stressmannschaft: Bei Stress werden zunächst Adrenalin und Noradrenalin aus den Nebennieren freigesetzt. „GEFAHR" schreit es durch den ganzen Körper: Herzrasen und hoher Blutdruck, Ärger, Angst oder Panik machen sich breit. Etwas langsamer, dafür aber umso anhaltender, stößt das Hormon Cortisol dazu. Die Schmerzempfindlichkeit sinkt, das Immunsystem fährt herunter und die Verdauung pausiert.

Extra-Info: Ist der Kampf beendet, entspannen sich das Herz-Kreislauf-System und das Immunsystem wieder und auch die Verdauung normalisiert sich. Die Stressantwort ist damit vollständig. Der Körper kann sich nun in aller Ruhe regenerieren.

Chronischer Stress

Stress, lass nach! Alltagsstress (Leistungsdruck, Arbeitsbelastung, soziales Umfeld oder Haushalt) ist zwar meistens nicht lebensbedrohlich, kann aber chronisch werden. Chronischer Stress unterdrückt über einen langen Zeitraum wichtige Immunantworten, weil immer weiter Cortisol ausgeschüttet wird. Da wundert es nicht, dass wir wiederholt im wohlverdienten Urlaub erkranken: Die Erholung sorgt dafür, dass das Immunsystem wieder so auf Keime reagiert, wie es soll.

Extra-Info: Viele Beschwerden können Ausdruck für chronischen Stress sein, wie z. B. Rückenschmerzen, Bluthochdruck oder Magen-Darm-Probleme.

Kommen Sie dem Stress zuvor! Trainieren Sie Ihren Kopf und Ihren Ruhenerv, dann ist der Stress nur noch halb so schlimm.

DIE GROSSEN DREI GEGEN STRESS

In Anforderungssituationen kann Stress kurzfristig die Leistungsfähigkeit steigern. Dauert dieser Zustand jedoch zu lange an, kann sich der Stress chronifizieren und zu ernsthaften körperlichen und psychischen Beschwerden führen. Wir zeigen Ihnen, wie Sie diesem negativen Stress ein Schnippchen schlagen.

Was passiert im Körper?
Bei Stress springt Ihr Sympathikus an, das ist der Teil Ihres Nervensystems, der für die Aktivitätssteigerung zuständig ist. Ihr Herz beginnt schneller zu schlagen, die Pupillen weiten sich und der Tonus der Muskulatur wird erhöht. Egal ob positiver oder negativer Stress: Nach jeder Phase der Anspannung brauchen Körper und Geist Ruhe und Entspannung, um sich regenerieren zu können. In den Erholungsphasen übernimmt wieder der Parasympathikus das Ruder, Herzschlag und Atmung beruhigen sich und Kraftreserven werden aufgebaut. Wie Sie einen gesunden Wechsel zwischen Anspannung und Entspannung finden? Nehmen Sie sich die drei folgenden Tipps zu Herzen und Sie sind schon einen großen Schritt weiter!

1 Pausen einbauen
Versuchen Sie, eine gute Balance zu finden – nicht bis zum bitteren Ende durchhalten und dann völlig erschöpft nach Entspannung suchen, sondern lieber zwischendurch immer mal wieder die Pausentaste drücken. Und sei es nur für fünf Minuten und ein paar tiefe Atemzüge!

2 Umstände akzeptieren
Stress beginnt im Kopf. Ob und in welchem Ausmaß Ihr Alarmsystem reagiert, hängt vor allem davon ab, wie Sie eine Situation (bewusst oder unbewusst) bewerten. Das erklärt auch, warum die gleiche Situation für den einen Stress bedeutet und einen anderen völlig kalt lässt. Versuchen Sie, sich von der Vorstellung zu verabschieden, dass alles immer perfekt laufen muss. Freunden Sie sich mit der Idee an, dass herausfordernde Phasen und ungeplante Vorkommnisse einfach zum Leben dazugehören. Das hilft gegen überhöhte Ansprüche und reduziert den Stress bei Misserfolg.

3 Gesundheit priorisieren
Seien Sie sich bewusst, dass Stress krank machen kann, und stehen Sie für Ihre Gesundheit ein. Nehmen Sie die Zeichen Ihres Körpers ernst und versuchen Sie, diese als freundliche Warnung zu verstehen. Sagen Sie „Nein", wenn Ihre Grenzen erreicht sind (siehe S. 137).

Innenschau?

In Situationen der Ratlosigkeit oder Verzweiflung kann der Blick nach innen das Gefühl des **VERLORENSEINS** noch verstärken.

Weil wir glauben, längst über uns Bescheid zu wissen, **IRREN** wir umher und verpassen dabei die Schönheiten, die aus dem Blickfeld geraten sind.

IN BLINDEN FLECKEN SITZEN: Die Kunst der Introspektion ist nicht immer nur eine gute Sache. Sie kann dazu führen, dass man den Wald vor lauter Bäumen nicht mehr sieht. Ein In-sich-Hineinfühlen kann besonders in Situationen der Belastung und dem Gefühl, in der Enge zu sitzen, zu einem konfusen Nebel statt zur gewünschten Klarheit führen. Denn wenn Sie sozusagen auf der Lösung oder dem Ausweg sitzen, ohne es zu merken, können Sie noch solange danach suchen. Da hilft kein Grübeln weiter. Im Gegenteil – es erschwert das Sehen.

Außensicht!

> Zur Beobachterin werden: Sich von sich selbst zu distanzieren, ist in Wahrheit ein **GROSSER SCHRITT** auf sich selbst zu.

> **SO GEHT'S:** Stellen Sie sich vor, Sie seien eine Kamerafrau, die Ihr momentanes Leben filmt. Was sehen Sie und wohin führt der Weg?

PERSPEKTIVE WECHSELN: Viele Menschen glauben, dass sie sich selbst am besten kennen. Doch häufig sind wir so sehr in uns verstrickt, dass uns mögliche Wege versperrt erscheinen oder wir sie gar nicht sehen. Gelingt es uns jedoch, von außen auf uns zu blicken (siehe S. 208), kann es durchaus passieren, dass die Dinge, die das eigene Erleben so beeinflusst haben, sich aufklären und Wege sowie Lichtungen sichtbar werden. Endlich können wir wieder klare Gedanken fassen und das Problem lösen.

Richtungswechsel
Seien Sie bereit für neue Denkweisen. Es geht dabei weniger
um Inhalte, als Sie vielleicht
denken, sondern mehr um die
mentale Beweglichkeit.

DENKMUSTER AUFBRECHEN

Wir alle haben hin und wieder Gedanken und Überzeugungen, die unsere Situation ausweglos erscheinen lassen und als quälend wahrgenommen werden. Die Autorin Byron Katie hat mit „The Work" eine Methode geschaffen, die mentalen Einbahnstraßen zu erkennen und erfolgreich zu verlassen.

Ein Beispiel: Sie denken, dass all Ihre Mühen umsonst sind und dass das Geld vorne und hinten nicht reicht? Sie erleben Ihre derzeitige Situation als existenziell bedrohlich und fühlen sich nicht handlungsfähig? Die folgenden sechs Schritte zeigen, wie Sie mit diesen Glaubenssätzen clever umgehen können.

1 Gedanken formulieren Finden Sie einen Satz, der Ihr derzeitiges Übel kurz und prägnant beschreibt. Der Satz sollte leicht von den Lippen gehen, z. B.: „Was ich auch mache, das Geld reicht nicht aus!"

2 Hinterfragen Fragen Sie sich, ob dieser Satz wirklich stimmt, ob dieser Satz wirklich wahr ist. Wahrscheinlich denken Sie kurz nach, bleiben aber noch beim: „Ja!"

3 Zu 100 Prozent? Sind Sie sich absolut sicher, dass dieser Satz wahr ist? Diese Frage mag Ihnen wie eine Wiederholung vorkommen, ist sie aber nicht. Jetzt geht es darum, das Gehirn auszutricksen. Denn es ist schwer vorstellbar, dass etwas zu 100 Prozent stimmt, oder? Die Aussage gerät ins Wanken, z. B.: „Reicht das Geld wirklich nicht aus?"

4 Emotionale Konsequenz Wie fühlen Sie sich, wenn Sie diese Aussage glauben? Vielleicht wütend, traurig oder wertlos: „Ich fühle mich nutzlos."

5 Gedankenexperiment Was wären Sie ohne diesen Gedanken? Wie würden Sie sich fühlen? Jetzt dürfen Sie ins Schwärmen kommen, z. B.: „Ich fühle mich ruhig."

6 Umkehrung Werden Sie kreativ und spielen Sie mit Ihrem Gedanken. Mit den Umkehrungen können Sie das Gegenteil von dem erfahren, was Sie für wahr halten. Dadurch wird Ihnen deutlich, dass Gedanken nicht fest, sondern eigentlich ganz formbar sind. „Das Geld reicht nicht aus, und es ist nicht egal, was ich mache."

Fazit: Durch diese Schritte lockern Sie festgefahrene Denkmuster und machen sich bereit für neue Denkweisen. Es geht dabei weniger um den Inhalt als um die mentale Beweglichkeit.

IM HIER & JETZT ANKOMMEN

Oft kreisen unsere Gedanken um das, was mal war, oder das, was sein wird. Nicht selten ist das verbunden mit Sorgen und übermäßigem Grübeln. Deshalb ist es hilfreich, den Blick immer wieder ins Hier und Jetzt zu lenken.

Vermutlich haben Sie diesen Rat schon einmal gehört, wissen aber vielleicht gar nicht, wie Sie ihn am besten im Alltag umsetzen. Der Clou liegt im regelmäßigen Üben. Bauchmuskeln kommen schließlich auch nicht vom Wissen über Liegestütze, sondern (leider) nur vom regelmäßigen Training.

Am besten fangen Sie damit an, wenn es Ihnen gut geht, und nicht erst, wenn Ihnen das Wasser schon bis zum Halse steht ...

Bodyscan

Darum geht's: Wenn wir gut hinhören, können wir wahrnehmen, dass unser Körper uns Warnzeichen gibt. Diese Erkenntnis hilft wiederum, auf körperliche Bedürfnisse zeitnah einzugehen, z. B. durch Bewegung oder eine Massage.

Übung: Legen Sie sich in Rückenlage und entspannen Sie den ganzen Körper. Nehmen Sie sich ruhig zehn Minuten Zeit. Beginnen Sie an den Füßen und sagen Sie im Geiste: „Füße". Dann wandern Sie in möglichst kleinen Schritten den Körper nach oben hoch und halten an jeder neuen Stelle kurz inne, fühlen das Körperteil und sagen oder denken den Namen der betreffenden Körperstelle – bis Sie am Scheitel angekommen sind.

Wechselatmung

Darum geht's: Ihren Atem haben Sie immer dabei, was diese Übung sehr praktisch macht. Atemübungen, fast ganz egal welcher Art, helfen, Stress und Ängste zu regulieren, indem sie den Parasympathikus aktivieren. Die Wechselatmung hat darüber hinaus noch den Vorteil, dass die Konzentrationsfähigkeit erhöht wird. Sie werden sehen, es ist gar nicht so leicht, nur durch ein Nasenloch zu atmen.

Übung: Setzen Sie sich an einen ruhigen Ort. Atmen Sie durch das linke Nasenloch fünfmal ein und wieder aus. Wiederholen Sie das Ganze mit dem rechten Nasenloch und anschließend mit beiden gleichzeitig. Beginnen Sie nun eine neue Runde – wieder mit links.

Geräusche beobachten

Darum geht's: Oft erleben wir Stress, wenn es um uns herum laut ist. Wir ärgern uns über den Lärm und empfinden noch mehr Stress. Versuchen Sie, diese Reaktion zu unterbrechen! Die folgende Übung können Sie fast immer und überall machen und sie ist daher besonders alltagstauglich.

Übung: Sie brauchen nichts weiter als Ihre Ohren. Gehen Sie wie ein Seismograf (Gerät zur Registrierung von Erschütterungen) vor und registrieren Sie jedes Geräusch, das an Ihr Ohr dringt, ohne Bewertung und ohne, dass Sie sich eine „Geschichte" zu dem Geräusch erzählen. Einfach beobachten und registrieren und die Aufmerksamkeit auf die Gegenwart richten.

Panoramablick

Darum geht's: Eine wichtige Technik und von Stressexperten empfohlen ist der Blick in die Weite. Denn: Bei Stress weiten sich die Pupillen und das Sichtfeld verengt sich. Sie sehen eine Sache schärfer, während alles drum herum unscharf wird. Stress steuert also das Sichtfeld, was das sympathische Nervensystem aktiviert.

Übung: Richten Sie den Blick zum Horizont oder in die Ferne und halten Sie dabei den Kopf ruhig. Auf diese Weise dämpfen Sie den Wachsamkeitsmodus! Sie setzten der Stressreaktion in Ihrem Körper etwas entgegen, einfach dadurch, dass Sie die Art und Weise, wie Sie die Umgebung betrachten, ändern!

Sätze wiederholen

Darum geht's: Als Kinder haben wir es geliebt: „Noch mal Mama!" Immer wieder die gleiche Geschichte, die gleiche Strophe, die gleiche Bewegung. Kein Wunder: Wiederholung beruhigt und mit dieser Ruhe kommen Sie verlässlich im Hier und Jetzt an.

Übung: Eine schöne Methode, sich ganz präsent im Augenblick zu fühlen, besteht darin, sich einen Satz wie ein Mantra immer wieder und wieder zu sagen. Dieser Satz sollte kurz und prägnant sein, z. B.: „Ich bin ruhig." Dieser Satz, den Sie für sich als Anker definieren, ist dann Ihr persönlicher Schlüssel ins Jetzt! Wiederholen Sie diesen Satz einfach sooft Sie wollen – dann wenn Sie es brauchen!

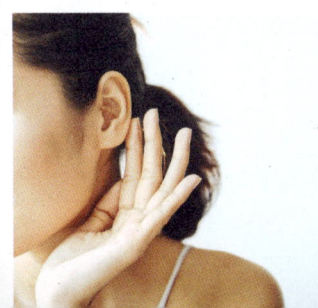

Starthilfe per Meditations-App
Entspannen und Stress abbauen
per Smartphone – das klappt
mit Headspace und 7Mind.
Beide Apps überzeugten im
Test (test 07/2021).

ANFANGEN? DRANBLEIBEN!

Meditation erscheint auf den ersten Blick ziemlich simpel und deutlich weniger herausfordernd als so manche Fitnessübung. Wieso ist dann aber die Abbrecherquote so hoch? Auch andere Entspannungstechniken werden oft nicht ausdauernd genug praktiziert. Woran liegt's? Finden wir's heraus und räumen mögliche Hindernisse von vornherein aus dem Weg.

1 Zu hohe Erwartungen

Gehören Sie auch zu den Menschen, die ständig denken, dass sie nicht genug tun oder nicht gut genug sind? Dann sind Sie in absolut guter Gesellschaft. Denn die meisten Menschen sind unzufrieden mit ihrer Leistung. Und da wir in einer Leistungsgesellschaft leben, wird auch Entspannung an Erfolg gemessen. Und wenn der ausbleibt oder auszubleiben scheint, dann folgt schnell der Satz: „Wusste ich es doch! Auch das kriege ich nicht hin."

Tipp: Beginnen Sie jede Übung mit wenig Aufwand. Lieber nur eine kurze Zeit einplanen und nicht zuviel vornehmen. Auch fünf Minuten sind ein Anfang!

2 Ärger über sich selbst

Als wäre dieses „Versagen" nicht schon schlimm genug, setzt direkt danach oft der Ärger über sich selbst ein. Statt sich zu sagen: „Hey, das hat jetzt nicht auf Anhieb geklappt, weil ich mich zu sehr unter Druck gesetzt habe. Morgen mache ich es einfach noch mal", ergeht man sich in Selbstbeschimpfungen.

Tipp: Notieren Sie in ein kleines Heft, was in Ihren Augen gut und was nicht so gut geklappt hat. Schreiben Sie auch auf, was Sie anders machen möchten, und sorgen Sie dafür, dass Sie auch Stichworte für das finden, was gelungen ist.

3 Zu früh aufhören

Die Konsequenz von Frust und Ärger ist dann nicht selten der vollständige und oft unwiderrufliche Abbruch der Übung. Denn damit sind wir auch gleich die innere Kritikerin und den vermeintlichen Misserfolg los. Klingt logisch, ist aber zu kurz gedacht. Denn die Umstände, warum Entspannungstechniken ursprünglich wie eine gute Idee klangen, sind ja unverändert da und werden sich vermutlich auch hartnäckig halten.

Tipp: Denken Sie mögliche Ausreden schon vor und überlegen Sie sich im nächsten Schritt gute Argumente, die diese für Sie glaubhaft widerlegen. Am besten aufschreiben und sichtbar platzieren.

FOKUS SETZEN

Yoga ist nicht nur eine Form der körperlichen Bewegung, sondern zielt auch darauf ab, den Geist zu bändigen und innerlich zur Ruhe zu kommen. Im Yogasutra, einer jahrhundertealten und bedeutenden Schrift des Yoga, wird beschrieben, wie die seelische Verschnaufpause am besten gelingt.

DIE 1. STUFE: Konzentration

Haben Sie schon einmal stundenlang aufs Meer geblickt? Genau diese Form der gebündelten Aufmerksamkeit ist an dieser Stelle mit Konzentration gemeint. Zu Beginn suchen wir noch Punkte, die interessant erscheinen: eine Möwe oder ein Boot am Horizont. Dann versuchen wir, dieses Objekt zu fixieren: „Wo war die Möwe noch gleich? Ah, ich sehe sie wieder!" Oder: „Wenn ich die Augen zusammenkneife, kann ich den Dampfer ganz hinten am Horizont noch sehen, obwohl er immer kleiner wird." In diesen Momenten ist kaum Raum für Sorgen, große Aufregung oder lange To-do-Listen. Die Gedanken haben sich durch den fokussierten Blick gebündelt und der Geist kommt zur Ruhe.

DIE 2. STUFE: Meditation

Wenn Sie nach der Konzentrationsphase einfach sitzen bleiben, die Möwe auf den Wellen tanzen und den Dampfer am Horizont verschwinden sehen, wird sich nach einiger Zeit ein müheloser Zustand einstellen. Das Meer erscheint dann als großes Ganzes. Sie schauen hinaus, ohne noch zu wissen, auf was Sie eigentlich schauen, und ohne darüber nachzudenken. Das ist der Zustand der Meditation, der sich nach der Schrift des Yoga „einfach" aus dem vorangegangenen Schritt ergibt. Doch handelt es sich hier nicht um ein Abdriften der Gedanken, sondern um eine intensivere Form von Konzentration, die ganz mühelos erfolgt.

ÜBUNG für einen ruhigen Geist

Es muss nicht das Meer sein. Wählen Sie ein Objekt von der rechten Seite aus. Setzen Sie sich über einen Zeitraum von sechs Wochen täglich an einen ruhigen Ort aufrecht hin. Konzentrieren Sie sich für jeweils zehn Minuten auf das Objekt. Wenn Sie abdriften, lenken Sie Ihr Bewusstsein einfach wieder auf das Objekt zurück – sooft wie nötig (das ist die eigentliche Übung). Sie werden bemerken, wie Ihr Geist immer ruhiger wird. Und wenn er das einmal nicht tut, bemerken Sie es einfach, ohne dagegen anzukämpfen, sondern beginnen Sie am nächsten Tag einfach von Neuem.

HITLISTE

NEUN OBJEKTE UND PHÄNOMENE, auf die Sie Ihre Konzentration richten können, damit Ruhe und Entspannung einkehren.

Kerzenflamme
Auf ein brennendes Teelicht oder ins Feuer zu blicken, lässt Stress im Nu dahinschmelzen.

Bild
Ein Foto oder ein Gemälde, das Sie berührt, wirkt wie ein Wahrnehmungsmagnet.

Natur
Ein Blick in den Garten oder Naturgeräusche sind eine Wohltat bei innerer Anspannung.

Musik
Aktives Zuhören kann sich positiv auf Ihr Wohlempfinden auswirken.

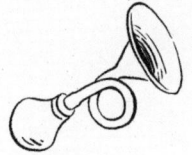

Geräusche
Geräusche (auch Lärm) verlieren ihren Stressfaktor, indem man sie urteilsfrei beobachtet.

Atem
Ihrem Atem zu lauschen oder die Atemzüge zu zählen, bringt Sie ins Hier und Jetzt.

Körperteil
Bei geschlossenen Augen die Aufmerksamkeit Richtung Herz oder Bauch zu lenken, beruhigt.

Mantra
Die kontinuierliche Wiederholung positiver Sätze oder Gesänge gibt Ihnen Energie.

Duft
Aromaöle können Ihre Wahrnehmung ganz unmittelbar an sich binden.

Kleine Dinge entdecken

EINE LIEBEVOLLE NACHRICHT ZWISCHENDURCH, ein Lächeln im Vorübergehen, eine Blume am Straßenrand – häufig erfreuen unser Herz die Dinge, mit denen wir nicht gerechnet haben.

Pflanze
Beobachten Sie, wie sie dank Ihrer Zuwendung wächst und gedeiht.

Botschaften
Mehr als Schreibkram: Stifte und ein weißer Block sind die Quelle liebevoller Nachrichten, die zwischendurch einfach irgendwo in der Wohnung auftauchen. Machen Sie anderen eine Freude!

Süße Erinnerung

Die erste selbst gebastelte Karte von der Nichte zu Weihnachten. Oh, wie schön das war!

Lieblingstasse

Vielleicht war sie ein Geschenk oder ein Erbstück einer nahestehenden Person?

MIT OFFENEN AUGEN

Gibt es in Ihrem Leben Dinge, die Sie wie selbstverständlich hinnehmen? Dinge, die Sie auf jeden Fall vermissen würden, wenn sie fehlten? Stellen Sie sich regelmäßig diese Fragen, um die kleinen Freuden des Lebens nicht zu verpassen. Denn oft sind wir blind für das, was wir bereits haben. Besonders dann, wenn wir stattdessen dem scheinbar großen Glück hinterherrennen.

Schauen Sie sich einmal in Ihrer Wohnung oder an Ihrem Arbeitsplatz um: Betrachten Sie diesen Ort, an dem Sie viel Zeit verbringen, als würden Sie ihn zum ersten Mal sehen. Was ist Ihnen vertraut, was haben Sie lieb gewonnen?

Finden Sie die Besonderheiten: Denken Sie daran, wann und wo und in welcher Stimmung die Gegenstände, die Sie dort bemerken, entstanden, gesammelt oder erworben worden sind. Schenken Sie ihnen Ihre volle Aufmerksamkeit und schwelgen Sie in der großen Freude an den kleinen Dingen.

Faules Nichtstun?
Im Gegenteil. In dem Moment, in dem wir nichts weiter wahrnehmen als den gegenwärtigen Moment, sind wir hellwach, meist ohne Schmerzen, und können tiefes Glück empfinden.

ACHTSAMKEIT: WAS IST DAS?

Aus einer buddhistischen Lehre hat der Amerikaner Dr. Jon Kabat-Zinn in den 1970er-Jahren ein Programm aus Achtsamkeitsübungen und Meditationen zur Stressbewältigung entwickelt: Mindfulness-Based Stress Reduction, kurz MBSR. Mittlerweile ist gut belegt, dass es Stress und Angst tatsächlich mildern kann und sogar den Umgang mit chronischen Schmerzen erleichtert.

Achtsamkeit ist der Bewusstseinszustand, den Sie erreichen, indem Sie Ihre Aufmerksamkeit gezielt auf den aktuellen Moment ausrichten, ohne die Situation zu bewerten. Klingt erst einmal simpel, aber Sie werden wahrscheinlich bemerken, dass Gedanken und Gefühle oder äußere Reize Sie immer wieder ablenken werden.

Das ist jedoch kein Problem, sondern ein wichtiger Teil der Übung. Denn das Ziel soll nicht sein, die Gedanken auszuknipsen, sondern zu erkennen, wie beschäftigt unser Gehirn tatsächlich ist.

1 Nicht beurteilen
Es geht nicht darum, gar nichts zu denken. Das ist auch unmöglich. Das Ziel ist nicht, alle Gedanken abzustellen, sondern lediglich, die auftauchenden Gedanken und Gefühle wahrzunehmen und erst einmal nur zu beobachten.

2 Haben Sie Geduld
mit sich selbst und der eigenen Unruhe. Gegebenenfalls auch mit der Enttäuschung, scheinbar nicht zur Ruhe kommen zu können.

3 Anfängergeist
Betrachten Sie das Kopfkino neugierig und interessiert, wie mit wachen Kinderaugen, die dauernd Neues entdecken.

4 Vertrauen Sie sich
und bleiben Sie bei der Übung, auch wenn sich zunächst keine Ruhe einstellt. Vielleicht bemerken Sie hinterher, dass Sie ausgeglichener sind. Vielleicht braucht es aber auch ein paar Wiederholungen.

5 Nichts erzwingen!
Lernprozesse brauchen Zeit, und es wird Momente geben, in denen es mit der Achtsamkeit einfach nicht gelingen will.

6 Akzeptanz
Nehmen Sie die Situation, wie sie ist. Das bedeutet nicht, alles gutzuheißen, aber anzuerkennen, dass es ist, wie es ist – vor allem, wenn Sie nichts daran ändern können.

7 Loslassen
Lassen Sie Gedanken und Gefühle einfach wie Wolken vorüberziehen, ohne sie anzuhalten. Das geht bei Wolken schließlich auch nicht!

Ganz individuell! So verschieden wie wir Menschen, so unterschiedlich sind die Zugänge zur Achtsamkeitspraxis.

TECHNIKEN DER ACHTSAMKEIT

Achtsamkeit können Sie überall praktizieren – Sie brauchen nicht einmal eine Yogamatte oder ein Meditationskissen dazu. Doch vielleicht kennen Sie das Phänomen? Wenn etwa theoretisch überall und immer möglich ist, macht man es nie und nirgendwo? Genau deshalb haben sich Techniken durchgesetzt, die einen besonderen Rahmen schaffen, damit Achtsamkeit nicht nur eine Idee, sondern eine handfeste Übungspraxis sein kann.

Yoga, Tai-Chi und Co. Ganz hoch oben auf der Beliebtheitsskala steht die Kombination von geistiger Entspannung und körperlicher Bewegung. Vorteil: Bewegung hilft vielen Menschen, „runterzukommen" und holt sie da ab, wo sie gerade sind. Nachteil: Oft ist eine professionelle Anleitung oder Begleitung notwendig, die Bewegungsabläufe brauchen Übung und Korrektur durch einen Lehrer oder eine Lehrerin.

Stilles Sitzen Viele haben auch das Sitzen in Stille mit geschlossenen Augen als Übungspraxis etabliert. Vorteil: Sie können ganz ohne Equipment loslegen. Nachteil: Manche sind unsicher, ob sie es richtig machen, und brechen ab. Dabei ist das der springende Punkt: Es gibt hier nichts zu erreichen! Das stille Sitzen und der Versuch, die Gedanken urteilsfrei vorbeiziehen zu lassen, ist bereits die Übung.

Gehmeditation Bewusst werden jeder Schritt und jede Bewegung wahrgenommen. Vorteil: Überall ausführbar. Nachteil: Hohe Ablenkungsgefahr durch die Umgebung. Um Ihre Aufmerksamkeit zu bündeln, könnten Sie zusätzlich Vögel oder Blumen am Wegesrand zählen.

Bodyscan Wandern Sie mit der Wahrnehmung schrittweise von den Fußspitzen bis zum Scheitel durch den ganzen Körper (siehe S. 12). Vorteil: Sie können nach Belieben alleine praktizieren oder einer geführten Anleitung folgen. Krankenkassen und Apps sind hier gute Quellen, wie etwa www.tk.de/audio/anleitung_zum_body_scan.mp3. Nachteil: Sie brauchen einen Ort, an dem Sie ungestört sind und sich nach Möglichkeit hinlegen können.

Essmeditation Wenn Sie sich bei jedem Bissen auf den Geschmack und die Textur konzentrieren, wird sich Ihre Wahrnehmung unweigerlich intensivieren. Vorteil: Es gibt ganz viele Übungsgelegenheiten. Nachteil: Im Alltag ist diese Achtsamkeitsübung oft schwer aufrechtzuerhalten.

Ausspannen?

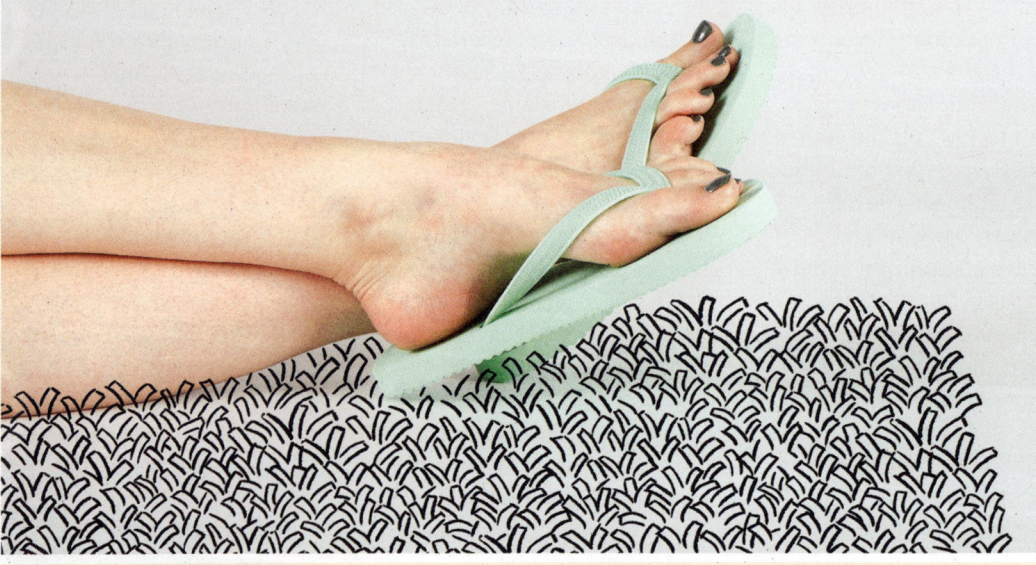

GUTE IDEE, falscher Weg: nach einem anstrengenden Arbeitstag schnell die Beine hochlegen und nichts tun! Auch wenn einem danach ist – der Stresskreislauf wird durch diese passive Haltung häufig nur unterbrochen, läuft aber nicht zu Ende ab. Mit Chips und Laptop auf der Couch liegend, signalisieren Sie Ihrem Körper nämlich, dass der Stress vorbei ist, während Ihr Gehirn neuen Reizen ausgesetzt ist. Um das Stresslevel erfolgreich und nicht nur scheinbar herunterzupegeln, braucht es jedoch ein gewisses Maß an Aktivität.

Anspannen!

Nach der Anspannung sind Muskeln messbar **ENTSPANNTER** als vor der Anspannung.

ECHTE ENTSPANNUNG ist nur möglich, wenn die Anspannung auch wahrgenommen und losgelassen wird. Nach diesem Prinzip funktioniert auch die Progressive Muskelentspannung nach Edmund Jacobson (S. 37). Das Wechselspiel von bewusster Anspannung und -Entspannung erzeugt ein tiefes Ruhegefühl, das sich positiv auf Körper und Geist auswirkt. Es ist wissenschaftlich bewiesen, dass dieses Verfahren sowohl bei gesunden als auch bei kranken Menschen Stress und Angst reduziert und die innere Ausgeglichenheit steigt. Na, dann los!

Zitronengesicht
Stress durch Anspannung
begegnen? Die Progressive
Muskelentspannung
macht es möglich!

ANERKANNTE ENTSPANNUNG FINDEN

Setzen Sie auf Vorsorge! Viele Krankenkassen unterstützen Sie sogar bei dem Vorhaben, körperlich und geistig gesund zu bleiben, und übernehmen ganz oder teilweise die Kosten sogenannter Präventionskurse. Angeboten werden beispielsweise Yoga, Tai-Chi, Qigong, Autogenes Training und Progressive Muskelentspannung (PMR). Bei diesen Verfahren ist empirisch belegt, dass sie das Stressniveau senken und Entspannung fördern können.

Wo finden Sie die Kurse?

Bezuschusste Kurse finden Sie auf den Webseiten der eigenen Krankenkasse und auf www.zentrale-pruef stelle-praevention.de. Der Anteil der Kostenübernahme ist von Krankenkasse zu Krankenkasse unterschiedlich und liegt meist zwischen 80 und 120 Euro für zwei Kurse im Jahr.

Sie wollen sofort loslegen?

Die Progressive Muskelentspannung nach Jacobson hat sich als besonders alltagstauglich erwiesen, denn Teile des Gesamtprogramms lassen sich fast überall und ohne Anleitung eigenständig anwenden. Probieren Sie es aus:

1 **Ankommen** Legen oder setzen Sie sich hin und beobachten Sie für einige Momente Ihren Atem.

2 **Atmen** Nehmen Sie mindestens fünf tiefe Atemzüge und atmen Sie auch tief aus.

3 **Fokus setzen** Konzentrieren Sie sich auf eine Muskelgruppe, z. B. Hals und Nacken.

4 **Anspannen** Spannen Sie die Muskeln bei der Einatmung an und halten Sie die Anspannung für 5 bis 8 Sekunden.

5 **Loslassen** Lösen Sie mit der Ausatmung bewusst die Anspannung und fühlen Sie nach.

Übung für ein entspanntes Gesicht: Ziehen Sie Ihre Augenbrauen leicht nach oben. Die Anspannung für 5 bis 8 Sekunden halten, dann loslassen. Schließen Sie Ihre Augenlider fest und ziehen Sie die Augenbrauen zusammen, rümpfen Sie die Nase und ziehen Sie die Oberlippe nach oben. Wieder für 5 bis 8 Sekunden halten, dann entspannen. Pressen Sie Ihre Lippen aufeinander, ziehen Sie die Mundwinkel nach oben und drücken Sie Ihre Zunge gegen den Gaumen. Für 5 bis 8 Sekunden halten und wieder entspannen. Anschließend das ganze Gesicht auf einmal anspannen, halten und entspannen! Fertig!

RUNTER VOM SOFA!

Bewegung ist das A und O im Kampf gegen Stress und für mehr Wohlbefinden. Leider folgen nur 35 Prozent aller Frauen und 45 Prozent aller Männer der Empfehlung der Weltgesundheitsorganisation (WHO), sich mindestens 2,5 Stunden pro Woche körperlich zu bewegen. Eine WHO-Studie ergab, dass selbst geringe körperliche Anstrengung besser ist als gar keine.

Dabei definiert die WHO körperliche Bewegung als eine Mischung aus Herz-Kreislauf-Belastung, wie sie durch Joggen oder schnelles Gehen erfolgt, und Muskelbelastung, die durch Krafttraining, Gartenarbeit oder Sit-ups entstehen kann.

Bewegung lohnt sich!

Wenn wir uns bewegen, muss das Herz sich schnell an die neue Situation anpassen und wird trainiert. Gleichzeitig wird die Lunge trainiert, indem sie bei Bewegung mehr Sauerstoff zur Verfügung stellen und sich ebenfalls an den höheren Bedarf anpassen muss. Und alles, was nicht regelmäßig beansprucht wird, baut der Körper wieder ab. Deshalb ist kontinuierliches Muskel- und Ausdauertraining so wichtig. Wer sich nach einem Unfall schon einmal länger schonen musste, weiß, wie schnell die Muskulatur schwindet, wenn sie nicht genutzt wird.

Regelmäßige Bewegung trainiert auch Ihre Stresshormone. Die werden bei Bewegung zwar ausgeschüttet, aber auch in ihrer Konzentration heruntergeregelt.

Im Anschluss an die körperliche Belastung wird der Sympathikus (aktivierender Teil des Nervensystems) abgeschaltet und der Parasympathikus (reguliert den Teil des vegetativen Nervensystems) angeschaltet (S. 17), was den Körper in die Entspannung bringt. Sie fahren runter! Wenn das kein Grund ist, lieber das Fahrrad zur Arbeit zu nehmen als das Auto!

Was macht Ihnen Spaß?

Es gibt viele Möglichkeiten, sich zu bewegen, und erwiesenermaßen ist die Motivation am größten, wenn der Spaßfaktor nicht zu kurz kommt. Also überlegen Sie sich nicht: Welche Bewegungsform ist am effektivsten? Sondern: Welche macht mir am meisten Spaß? Dann stehen die Chancen gut, dass Sie Ihren inneren Schweinehund nach kürzester Zeit verabschieden können.

TYP 1: Die Leistungssportlerin

Bewegung erscheint Ihnen nur dann sinnvoll, wenn dabei die Schweißtropfen fliegen? Dann sind Sie ganz klar der Typ Leistungssportler. Wussten Sie, dass Sportler seltener krank sind als Couch-Potatos? Aber bleiben Sie moderat, denn zu intensive Trainingsbelastungen schwächen Ihren Körper statt ihn zu stärken. Und wenn Sie draußen unterwegs sind, lassen Sie den Blick mal durch die Gegend schweifen, statt auf Ihre persönliche Bestzeit zu schielen. Denn wenn Sie sich beim Sport stressen und unbedingt Erster sein wollen, erzeugt das mitunter mehr Stress als Sie durchs anstrengende Training abbauen können.

TYP 2: Die Spaziergängerin

Sie mögen Bewegungen, die Ihnen Zeit lassen, die Umgebung zu genießen und/oder Ihren Gedanken nachzuhängen – am besten an der frischen Luft? Um gesund zu bleiben, müssen Sie sich nicht quälen, als Spaziergänger oder Walker jedoch ausreichend Zeit einplanen, denn es dauert ca. 30 Minuten bis der Stoffwechsel in Gang kommt. Auch über den Tag verteilt können Sie spazieren gehen: 7 500 Schritte sollen bereits deutlich zur Gesunderhaltung beitragen.

TYP 3: Die Sinnliche

Sex kann gleich doppelt stimmungsaufhellend wirken: Zu den positiven Effekten der körperlichen Bewegung gesellt sich nämlich noch das Liebeshormon Oxytocin. Es steigert die Lust und fördert ein Gefühl tiefer Verbundenheit mit dem Partner. Und last, but not least: Im Gegensatz zum Joggen sind beim lustvollen Rekeln im Bett

quasi alle Muskeln aktiv. Na, wenn das kein gutes Argument ist!

TYP 4: Die Tänzerin

Sobald Musik läuft, beginnen Ihre Hüften mitzuschwingen? Tanzen ist ein Ganzkörpertraining, Beweglichkeit und Ausdauer werden ebenso trainiert wie der Gleichgewichtssinn. Egal, ob Salsa, Tango oder Freestyle vor dem Spiegel – beim Tanzen werden jede Menge Glückshormone ausgeschüttet.

TYP 5: Die Schwimmerin

Sie fühlen sich im Wasser wie in Ihrem Element? Dann haben Sie Glück, denn Schwimmen trainiert den ganzen Körper auf eine sehr schonende Art und Weise. Aufgrund der geringen Belastung des Skeletts ist dieser Ausdauersport auch im Alter und bei Übergewicht gut geeignet.

GUT ZU WISSEN!

Regelmäßige körperliche Bewegung fördert auch einen gesunden Schlaf. Doch auch hier kommt es auf das richtige Timing an, wie eine Studie der Techniker Krankenkasse warnt: Wer kurz vor dem Schlafengehen den Puls noch mal so richtig in die Höhe treibt, wird eher nicht so gut (ein)schlafen.

Auf Sonne warten?

Im Sommer baden Sie täglich in der Sonne und bei Regen verlassen Sie **AUS PRINZIP** nicht das Haus? Das sollten Sie ändern!

Sonnenlicht entspannt und macht glücklich. Wird **GUTES WETTER** jedoch als Voraussetzung für einen schönen Tag wahrgenommen, kann das stressen.

SO SCHÖN WARME SOMMERTAGE auch sind: Hitze und gleißendes Sonnenlicht beanspruchen den menschlichen Körper stark. Ist es über 30 °C heiß, können ältere oder empfindsame Personen schnell lebensbedrohliche Kreislaufprobleme bekommen. Die Sonne stresst die Haut und bei anfälligen Menschen kann das intensive Licht sogar Migräneattacken auslösen. Aber auch psychisch kann der Druck, bei Sonnenschein unbedingt etwas unternehmen zu müssen, ganz schön anstrengen – vor allem, wenn es kein Schattenplätzchen gibt.

Hauptsache raus!

Regen? Egal! Gehen Sie jeden Tag vor die Tür. **WARM EINGEPACKT** und mit Regenschirm tut die frische Luft gut.

Den Kopf freibekommen: Bewegung an der **FRISCHEN LUFT** bewirkt, dass wir uns wacher und ausgeglichener fühlen.

PLITSCH, PLATSCH: Sie können das Wetter nicht beeinflussen, aber Ihrer Stimmung und Gesundheit auf die Sprünge helfen, indem Sie einfach vor die Tür gehen. Folgen Sie dem Sprichwort „Es gibt kein falsches Wetter, nur falsche Kleidung" und holen Sie sich den kostenlosen Frischekick! Mindestens 30 Minuten pro Tag sollten Sie sich draußen bewegen, um Ihre Lunge mit frischem Sauerstoff zu füllen und ausreichend Tageslicht zu tanken. Auch an trüben Tagen wirkt sich das positiv auf Ihr Immunsystem und Ihr Befinden aus.

Geräusche in der Natur?

Viele Menschen berichten, dass es ihnen schwerfällt, **STILLE** auszuhalten. Immer häufiger sieht man Menschen mit Kopfhörern an Orten der Einkehr und Stille.

Das Hören **KÜNSTLICHER GERÄUSCHE** lenkt die Aufmerksamkeit nachweislich nach innen und das behindert den Stressabbau.

BLA BLA BLA BLA BLA BLA BLA BLA BL

RAUS IN DIE NATUR UND KOPFHÖRER AUF:
Eigentlich ist Spazierengehen eine prima Möglichkeit, um abzuschalten. Doch vielen fällt es schwer, die Stille auszuhalten und ihre Aufmerksamkeit auf ihre Umgebung zu richten. Sie lassen sich dabei deshalb mit Musik, Hörspielen oder Podcasts beschallen. Damit geht es für sie medial genauso weiter wie am Schreibtisch, nur dass sie sich dabei die Beine vertreten. Einen Spaziergang produktiv zu nutzen, mag ein gangbarer Weg sein – wirklich stressreduzierend ist er nicht.

Naturgeräusche!

Bei dauerhaften **STÖRGERÄUSCHEN** von außen kann ein schallabsorbierender Kopfhörer eine gute Wahl sein.

Die Klänge der Natur wirken sich beruhigend auf unser **NERVENSYSTEM** aus und helfen uns zu entspannen!

VOGELGEZWITSCHER, MEERESRAUSCHEN oder das Rascheln der Bäume richten unseren Aufmerksamkeitsfokus nach außen und fördern Stressabbau und Entspannung, das hat eine britische Studie gezeigt. Interessanterweise ist der Effekt besonders stark, wenn das Stresslevel zuvor besonders hoch war. Ein Spaziergang an der frischen Luft hat darüber hinaus natürlich noch weitere Vorteile, doch selbst Naturgeräusche vom Band haben einen positiven Einfluss auf die Gehirnaktivität – auch, wenn Sie dabei auf Ihrem Sofa sitzen.

10-Stunden-Schlaf?

Hypersomnie ist der Fachausdruck für ein pathologisch erhöhtes **SCHLAF-BEDÜRFNIS**.

Laut Umfragen des Robert Koch-Instituts leiden etwa **25 %** aller Erwachsenen unter Schlafstörungen.

WER ZU VIEL SCHLÄFT ist ebenso schlecht gelaunt und unkonzentriert wie jemand, der zu wenig schläft. Wer über sein persönlich notwendiges Maß hinaus schläft, leidet zudem häufiger unter Albträumen. Besonders Menschen mit einer depressiven Störung, heißt es in der Gesundheitsberichterstattung des Bundes, werden durch zu viel Schlaf beeinträchtigt und gefährdet, da sich die Antriebslosigkeit verstärkt. Mehr Schlaf bedeutet nicht mehr Erholung, sondern fällt ebenso unter Schlafstörungen wie zu wenig Schlaf.

10-Minuten-Nap!

Der kurze **MITTAGSSCHLAF** sollte – wie der Name schon sagt – deutlich vor 18 Uhr stattfinden, um den Nachtschlaf nicht zu erschweren.

Ein Powernap **ZWISCHEN 14 UND 16 UHR,** der nicht länger als 20 Minuten dauert, fördert Konzentration und Leistungsfähigkeit in der zweiten Tageshälfte.

ÖFTER, ABER KÜRZER: Statt zu lange zu schlafen und müde aufzuwachen, planen Sie lieber ein kurzes Nickerchen am Tag ein. Damit können Sie Ihre leeren Akkus, die sich besonders um die Mittagszeit durch einen Leistungsabfall zeigen, aufladen und so das bekannte Mittagstief überwinden. Leider wird diesem Rhythmus immer noch wenig Stellenwert beigemessen. Den kurzen Schlaf können Sie übrigens lernen. Entspannungsverfahren, wie auf S. 22 beschrieben, können dabei helfen, besser einzunicken, oder sogar den Powernap ersetzen!

Frischluft
Wenn es die Umgebung erlaubt, ist nichts gegen ein Nickerchen im Freien einzuwenden.

POWERNAP – EINE ANLEITUNG

Ein regelmäßiges Nickerchen zwischendurch – bevorzugt während der Mittagszeit – kann die Lebenserwartung erhöhen. Als „Powernap" zählt ein kurzer Schlaf von zehn bis maximal 20 Minuten. Machen Sie es zu Ihrem täglichen Ritual!

Wenn das Nickerchen allerdings länger als 30 Minuten dauert, besteht die Gefahr, dass der Körper in tiefere Schlafstadien übergeht. Wacht man aus diesen auf, fühlt man sich schlaftrunken, manchmal auch lust- und antriebslos – und das ist wohl das Gegenteil von dem gewünschten Effekt.

Achtung: Auch ein täglicher Powernap kann einen erholsamen Nachtschlaf nicht ersetzen! Wie der gelingt, lesen Sie auf S. 49.

Besser drauf! Untersuchungen zeigen, dass wir uns nach einem etwa 20-minütigen Schlaf ausgeglichener fühlen und besser gelaunt sind. Ist das nicht schon Grund genug?

Höhere Konzentration! Nach einem Powernap können Sie sich wieder besser konzentrieren und sind anspruchsvollen Aufgaben eher gewachsen.

Weniger Fehler! Der kurze Tagschlaf hilft, Ihre Leistungsfähigkeit und Produktivität zu steigern. Außerdem minimiert er die Gefahr, Fehler zu machen.

Fun Fact: Einige Unternehmen haben eine „Napping Policy". Da ist der Kurzschlaf sozusagen vorgeschrieben.

Geduld! Setzen Sie sich nicht unter Druck. Alles braucht seine Übung – sogar der Mittagsschlaf zwischendurch.

1 `Ruhiger Platz` Finden Sie einen Rückzugsort, an dem Sie sicher niemand stört. Vielleicht hängen Sie ein „Bitte nicht stören"-Schild an die Tür.

2 `Tageslicht` Wenn der Körper Dunkelheit wahrnimmt, ist die Gefahr der Nachtschlaf-Verwechslung da. Achten Sie daher auf eine gewisse Helligkeit durch Tageslicht.

3 `Frische Luft` Lüften Sie den Raum vor Ihrem Powernap oder lassen Sie das Fenster einfach auf, damit Sie sich anschließend frisch fühlen.

4 `Augenkissen` Um die Gesichtsmuskulatur zu entspannen, können Sie die Augen mit einem Augenkissen beschweren.

5 `Wasser` Stellen Sie ein Glas Wasser bereit, damit Sie sich nach dem Ruhen gleich mit Flüssigkeit versorgen können.

Vorsicht!
Guter Schlaf ist wichtig. Schlafstörungen gehen mit einem
erhöhten Risiko für Depressionen,
Angststörungen und Herz-Kreis-
lauf-Erkrankungen einher.

GUTE NACHT!

Wer gut schläft, ist in der Regel gesünder und zufriedener. Kein Wunder, denn Schlaf ist die Phase der regenerativen Prozesse im Körper. Auch für die mentale Verfassung ist ausreichend Schlaf oft wichtiger als jedes Achtsamkeitstraining.

1 **Lernen Sie von Babys!** Säuglinge schlafen durch ritualisierte Handlungen und Abläufe besser ein. Der dadurch aktivierte Parasympathikus (siehe S. 17) dämpft den Stresspegel und hilft, zur Ruhe zu kommen und dadurch besser einzuschlafen.

2 **Ein Matratzentest** im Bettengeschäft Ihres Vertrauens kann helfen, das richtige Equipment zu besorgen. Vorab können Sie auf www.test.de die Ergebnisse des aktuellen Matratzentests nachlesen.

3 **Natürliche Schlafhilfen** wie Musik, die in spezieller Delta-Frequenz arrangiert ist, hilft, den Schlaf erholsam zu gestalten. Auch beruhigende Düfte, etwa in Form eines Lavendelsäckchens, können das Einschlafen erleichtern.

4 **Gegen das Gedankenkarussell** hilft es, den Tag bewusst Revue passieren zu lassen. Schreiben Sie auf, was Sie noch beschäftigt, und stellen Sie sich vor, wie die Gedanken Ihren Kopf verlassen.

5 **Sorgen Sie für ein angenehmes Raumklima,** indem Sie nicht zu warm schlafen und die Lichtverhältnisse runterregulieren. Die optimale Raumtemperatur liegt zwischen 18 und 21 Grad Celsius.

6 **Vermeiden Sie Bildschirmzeit** (Rechner, TV, Handy) direkt vor dem Einschlafen. Durch die Lichteinflüsse wird das zum Schlafen benötigte Melatonin nicht gebildet und Sie werden nicht müde, sondern nervös.

Schlafstörungen sind im Gegensatz zu Schlafproblemen eine klinische, klassifizierte Verhaltensauffälligkeit. Dazu zählen etwa Einschlaf- und Durchschlafstörungen sowie frühmorgendliches Erwachen, das über einen beträchtlichen Zeitraum besteht. Der Schlaf wird als ungenügend in Dauer und Qualität erlebt. Ebenso zählen in das Krankheitsbild der Schlafstörungen Alb- oder Angstträume, die sich wiederholen und die von lebensbedrohlichen oder Furcht einflößenden Situationen handeln. Grundsätzlich gilt: Wer länger als vier Wochen schlecht schläft, sollte zum Arzt gehen.

Achtung! Medikamente sind oft nicht empfehlenswert, siehe auch unter www.test.de/Schlafmittel

Durchziehen?

Laut einer ver.di-Studie arbeiten 40 Prozent aller Angestellten mehr als **43 STUNDEN** pro Woche – das ist mehr, als im Arbeitsvertrag vereinbart sein darf.

Als ein Hauptgrund für Depressionen wird meist die Belastung **AM ARBEITSPLATZ** genannt – noch vor persönlichen Schicksalsschlägen.

EINEN HAKEN AN EINE SACHE zu machen, ist ein tolles Gefühl! Doch was, wenn Sie gar nicht so schnell abhaken können wie Aufgaben nachkommen? Bei sich ständig verlängernden To-do-Listen ist die Entspannung bei abgearbeiteten Punkten nur von kurzer Dauer. Denn Durchziehen geht nicht ewig – jeder Mensch hat Grenzen. Und wer immer Vollgas fährt, muss auch mit dem Crash rechnen. Der kommt, wenn Psyche und Körper unter der dauerhaften Überlastung krank werden. Lassen Sie es gar nicht so weit kommen!

Durchatmen!

Nehmen Sie sich die Zeit: Atmen Sie tief in den **BAUCH,** nicht nur in die Brust. Das dauert zwar ein wenig länger, liefert aber mehr Entspannung!

Wird Ihr Atem flacher, ist das ein Zeichen dafür, dass Sie eine **PAUSE** brauchen! Verlassen Sie sich nicht allein auf Ihr Müdigkeitsgefühl, denn das kann täuschen.

BEI DER TÄGLICHEN ARBEIT viele kleine Pausen zu machen, ist oft mehr wert als eine Woche Yoga-Retreat in den Bergen. Finden Sie einen Rhythmus, den Sie mehr oder weniger konstant bewahren können – egal, wie viel Sie zu tun haben! Um bei unserer Metapher zu bleiben: lieber langsamer und umsichtig fahren, aber dafür ohne Totalschaden. Auch dieser Rat ist nicht neu, aber doch unvergleichlich wirkungsvoll: Schließen Sie zwischendurch einfach mal die Augen und atmen Sie vor dem geöffneten Fenster ein paar Mal tief ein und aus.

ERSCHÖPFT ODER KRANK?

Erschöpfung ist per se nichts Schlechtes. Im Gegenteil. Wenn Sie nach einer langen Wanderung nach Hause kommen, die müden Beine hochlegen und sich aufs Sofa kuscheln, handelt es sich um ein gesundes Gefühl von Müdigkeit und Erschöpfung. Und nach ausreichend Schlaf und gutem Essen haben Sie zwar vielleicht etwas Muskelkater, aber sind ansonsten wieder fit. Doch was, wenn die Erschöpfung der Dauerzustand ist?

Anzeichen einer Depression

Die Vorgaben zur Diagnose einer Depression sind genauestens klassifiziert. Wenn Sie über einen Zeitraum von mindestens zwei Wochen mindestens zwei Haupt- und zwei Nebensymptome haben, ist es sehr wahrscheinlich, dass Sie nicht einfach schlecht drauf sind, sondern dass Ihre Seele krank ist und Hilfe braucht. Suchen Sie ein klärendes Gespräch mit Ihrer Hausärztin, Ihrem Hausarzt oder einem Psychotherapeuten. Burn-out gilt laut der Klassifizierung übrigens aktuell nicht als Krankheit.

1. Hauptsymptome

Depressionen können in ihrer Schwere und ihren Begleiterscheinungen sehr unterschiedlich sein. Zu den Hauptsymptomen gehören: gedrückte Stimmung, Interessen- oder Freudlosigkeit, Antriebsmangel und/oder erhöhte Ermüdbarkeit. Bei diesen Symptomen fällt auf, dass es sich um sehr subjektive Eindrücke handelt. Deshalb ist es umso wichtiger, dass Sie sich gut beobachten und sich einmal ehrlich überlegen, wie lange Sie sich bereits in diesem Zustand befinden. 14 Tage ist hier das Minimum, es kann aber auch durchaus sein, dass Sie sich schon wesentlich länger – manchmal jahrelang – mit einem oder mehreren Hauptsymptomen plagen.

TIPP: Wenn Sie sich nicht sicher sind, fragen Sie Ihnen nahestehende Personen, ob Sie sich in der letzten Zeit verändert haben.

2. Nebensymptome

Neben den Hauptsymptomen können Sie auch zusätzlich zwei oder mehr der folgenden Symptome bei sich bemerken, oder Personen, denen Sie vertrauen, den Verdacht äußern, dass diese zutreffen: verminderte Konzentration und Aufmerksamkeit, vermindertes Selbstwertgefühl und Selbstvertrauen, Gefühle von Schuld und Wertlosigkeit, Zukunftssorgen, Suizidgedanken, Schlafstörungen und verminderter Appetit. Auch viele körperliche Beschwerden können auf eine Depression hindeuten, wie beispielsweise Magen-Darm-Probleme, Kopf- und/oder Rücken-schmerzen, Schwindel, Engegefühl in der Brust … Andersherum können auch körper-liche Erkrankungen Symptome einer Depression mit sich bringen. Auch deshalb ist eine medizinische Abklärung sinnvoll.

Früh erkannt, ist halb gewonnen

Die beschriebenen Kriterien geben Auf-schluss darüber, ob Sie schlechte Laune haben oder ob eine dicke schwarze Wolke über Ihnen hängt, die sich von selbst nicht so schnell wieder verzieht. Vielleicht ist es Ihnen in dieser Situation nicht einmal mehr möglich, an einen Ausweg zu glauben. Auch diese Hoffnungslosigkeit ist Teil der Erkrankung. Die gute Nachricht: Wird eine Depression frühzeitig erkannt, ist sie in den meisten Fällen gut behandelbar – vorrangig mit Psychotherapie und bei mittelschweren bis schweren Depressionen auch mit medi-kamentöser Unterstützung.

Sie sind nicht allein!

Schätzungsweise erkranken von 100 Men-schen 16 bis 20 mindestens einmal in ihrem Leben an einer Depression oder an einer chronisch depressiven Verstimmung. Wäh-rend fast niemand ein gebrochenes Bein verschweigen würde, empfinden viele Be-troffene Schuld umd Scham für ihre Er-krankung und ziehen sich noch weiter zu-rück. Mittlerweile gibt es immer mehr

VOLKSKRANKHEIT

An einer Depression ist nichts peinlich! Depressive Störungen gehören mitt-lerweile zu den häufigsten und hinsichtlich ihrer Schwere zu den am meisten unter-schätzten Erkrankungen. Frauen sind häu-figer betroffen als Männer, ältere Men-schen öfter als junge. Mehr Informationen finden Sie auf der allgemeinen Seite „Depression" des Robert Koch-Instituts (RKI) übersichtlich und informativ zusam-mengestellt. Auf der RKI-Seite können Sie außerdem einen Selbsttest machen, der keine Diagnose ersetzt, aber erste Hin-weise geben kann, siehe https://www.deutsche-depressionshilfe.de/depression-infos-und-hilfe/selbsttest-offline

Personen des öffentlichen Lebens, die sich offen zu ihrer Diagnose bekennen und sich so gegen die Stigmatisierung von De-pressionen einsetzen. Zum Glück, denn der offene Umgang und die vermehrte Auf-klärung über Depressionen können wort-wörtlich Leben retten.

TIPP: Wie Sie psychotherapeutische Hilfe finden, lesen Sie ab S. 218. Scheuen Sie sich in Krisensituationen nicht, zum Hörer zu greifen und die Telefonseelsorge zu kontaktieren (0800 1110111) oder die Krisenstation des nächstliegenden Krankenhauses aufzusuchen.

Gut gewappnet!
Gegen einschneidende Lebensereignisse können Sie sich
nicht schützen. Aber Sie können
sich vorbereiten.

RESILIENZ – GUT GEWAPPNET

Krasse Lebensereignisse wie Krankheit, Jobverlust, der Tod eines lieben Menschen oder auch ein Umzug bedeuten eine Menge Stress. Manchen Menschen gelingt es besser, sich angesichts dieser traumatischen Erlebnisse anzupassen und trotz des großen Schmerzes vielleicht sogar persönlich daran zu wachsen. Diese Art der Widerstandsfähigkeit heißt Resilienz.

Resilienz lässt sich lernen
Auch wenn biografische Anteile und vererbte Anlagen eine Rolle spielen, so können Sie Ihre Widerstandsfähigkeit wie einen Muskel trainieren. Die American Psychological Association hat nach dem kollektiven Trauma um den 11. September dazu folgenden Handlungsleitfaden entwickelt:

1 Netzwerke bilden
Wer sich in einer schmerzhaften Situation befindet, denkt oft, dass er damit alleine ist, und isoliert sich. Dabei kann der Austausch mit verständnisvollen und empathischen Freunden besonders heilsam sein. Investieren Sie in vertrauensvolle Beziehungen und machen Sie echte Freundschaften zu Ihrer Priorität. Oder wagen Sie den Schritt in neue Netzwerke (siehe S. 124)

2 Wohlbefinden fördern
Ein gesunder Körper kann besser mit Stress umgehen. Schlafen Sie genug, machen Sie regelmäßig Sport, trinken Sie ausreichend Wasser und ernähren Sie sich ausgewogen. Wenn Sie dann noch Ihren Geist durch Meditation oder andere Achtsamkeitspraktiken stärken, sind Sie gut gewappnet. Vermeiden sollten Sie das Betäuben von Gefühlen durch Alkohol und Drogen.

3 Eine Aufgabe finden
Helfen Sie anderen und finden Sie darüber auch wieder einen Sinn für das eigene Leben. Gehen Sie aktiv auf Chancen zu, die sich Ihnen bieten, ebenso auf Ziele, die Ihnen reizvoll erscheinen! Vielleicht entdecken Sie in sich die Kraft, Ihr Leben in eine neue Richtung zu lenken.

4 Gute Gedanken säen
Nur der Wandel ist beständig. Versuchen Sie, zu akzeptieren, was sich nicht ändern lässt. Erkennen Sie irrationales Denken wie z.B. die Idee, dass die Welt Sie bestraft, und wagen Sie stattdessen einen optimistischen Blick in die Zukunft. Was wünschen Sie sich?

5 Professionelle Hilfe
Manchmal lässt sich eine Krise einfach nicht gut allein bewältigen. Holen Sie sich psychologische Unterstützung, wenn Sie sie brauchen.

Verneinen?

BITTE KEIN

VERWIRRUNG PUR! Während die linke Gehirnhälfte für logische Aspekte zuständig ist, kümmert sich die rechte unter anderem um bildliche Darstellungen. Wenn Sie Verneinungen wie die des rosa Elefanten hören, wird die Aufforderung zwar in der linken Gehirnhälfte richtig verarbeitet, jedoch erstellt die rechte Hirnhälfte nichtsdestotrotz das Bild eines Elefanten. Das Gehirn wird durch zwei unterschiedliche Meldungen verwirrt, die endgültige Verarbeitung verlangsamt und gestört. Und das wiederum führt zu Nervosität und Stress.

Bejahen!

WUNSCHZETTEL schreiben: Haben Sie schon einmal dem Weihnachtsmann geschrieben, was Sie sich nicht wünschen? Eben!

BITTE EIN

Es geht bei **POSITIVEN FORMULIERUNGEN** nicht darum, absurde Visionen zu formulieren, sondern Wünsche so zu äußern, dass diese auch erfüllt werden können.

WÜNSCHE WERDEN WAHR! Vor allem dann, wenn wir unsere Aufmerksamkeit auf ihre Erfüllung lenken – auch sprachlich. So können wir das Gehirn dabei unterstützen, ein Ziel klar vor Augen zu sehen. Mit Verneinungen kann es nämlich nicht viel anfangen. Es hat sich außerdem gezeigt, dass Menschen, die positiv formulieren, dadurch die eigene Zufriedenheit erhöhen, und dass positiv formulierte Aufforderungen lieber und direkter umgesetzt werden. Eine klassische Win-win-Situation mit nur einer Bedingung: Verneinungen meiden!

Flexibilität und Spiel
Ist eine Situation verfahren,
gibt es die spielerische
Möglichkeit, die Einbahnstraße
in eine mehrspurige Autobahn
zu verwandeln.

so nicht

WENN „NICHT" NICHT WEITERHILFT!

„Ich kann nicht mehr!" oder „Ich will nicht!" – kommen Ihnen diese Sätze bekannt vor? Wenn ja, dann wissen Sie auch, dass diese Sätze wie gedankliche Einbahnstraßen sind, die Ihnen nur ein Ende und kein Entrinnen anbieten. Für den Fall, dass Sie diese Sätze einfach nur aus Hilflosigkeit sagen, sie Ihnen aber eigentlich zusätzlich das Leben erschweren, haben wir ein paar Tricks. Machen Sie aus der Sackgasse eine Schnellstraße der Lösungsmöglichkeiten!

1 So! Ein kleines Wort mit großer Wirkung. Erweitern Sie den Satz einmal um diese zwei Buchstaben: „Ich kann so nicht mehr!" oder „Ich will so nicht!" Mutet das nicht schon viel leichter an, weil es jetzt plötzlich eine weniger grundlegende Formulierung geworden ist? Sobald Sie dem „nicht" seine Durchschlagskraft nehmen, werden Sie sich wieder handlungsfähiger fühlen. Und das kleine Wörtchen „so" ist ein erster Schritt in diese Richtung. Denn die Anschlussfrage ist sofort: „Wenn nicht so, wie dann?" Folglich können Sie sich fragen, was Ihre Situation scheinbar so unerträglich macht und was nötig wäre, um sie zu ändern.

2 Warum? Gehen Sie akribisch auf die Suche nach Gründen, die möglicherweise zu dem Gefühl führen, nicht mehr zu können oder nicht mehr zu wollen. Machen Sie einen kleinen biografischen Check: Kommt Ihnen das Gefühl der Resignation oder der Wunsch zur Vermeidung bekannt vor? In welchen Situationen in der Vergangenheit haben Sie ähnlich empfunden? Begegnen Sie sich selbst mit Interesse und erkundigen Sie sich bei sich selbst. Vielleicht haben Sie in der Vergangenheit auch unbewusst schon gute Lösungen gefunden und können von sich selbst lernen.

3 „Und" statt „aber"... Aussichtslose Situationen ergeben sich meist aus Entweder-oder-Gedanken: Die Entscheidung für eine Option schließt eine andere kategorisch aus, z. B.: „Ich würde ja gerne umziehen, aber ich will den Stadtteil nicht wechseln." Formen Sie daraus doch einmal eine Sowohl-als-auch-Aussage: „Ich möchte umziehen und ich will den Stadtteil nicht verlassen." Fühlt sich gleich freier an? Das merkt auch Ihr Kopf und beginnt damit, Möglichkeiten zu finden, beides in Einklang zu bringen. Viel besser als der Frust darüber, dass das eine nicht mit dem anderen zusammengeht.

Ich lass das?

Viele Menschen warten darauf, dass sich ihre Einstellung ändert, statt einfach ihr **VERHALTEN** zu überdenken und anzupassen.

AUFHÖREN IST SCHWER: Bei den Anonymen Alkoholikern gibt es Supportsysteme, die den Abstinenten jahrelang begleiten.

JEDES JAHR AUFS NEUE werden gute Vorsätze formuliert. Doch schon nach zwei Wochen scheitern viele an der Umsetzung und die alten Gewohnheiten übernehmen wieder das Ruder. Unter anderem, weil die meisten nach dem Tabula-rasa-Prinzip von heute auf morgen etwas weglassen wollen, wie etwa Zigaretten oder Süßigkeiten. Was passiert? Wir denken nur noch an das Verbotene. Und weil es meist an Vorbereitung und einem Plan B für Wackelmomente, aber nicht an Verführungen, mangelt, geht es immer wieder schief!

Ich mach das!

Um ein neues Verhalten zu erlernen und beizubehalten, hilft es, in kleinen **ZEITEINHEITEN** zu denken und nicht von null auf hundert zu gehen.

Ausdauer ist gefragt: Phillippa Lally fand heraus, dass einfache Verrichtungen nach durchschnittlich **66 TAGEN** zur Gewohnheit werden.

NEUES IN ANGRIFF ZU NEHMEN, wie etwa mit dem Joggen zu beginnen, funktioniert dann besonders gut, wenn Sie für automatische und positive Verknüpfungen sorgen. Wenn Sie Ihre Laufschuhe direkt nach dem Aufwachen sehen, weil sie neben Ihrem Bett stehen, assoziieren Sie Aufstehen mit Laufen. Und wenn Sie sich anschließend mit einer erfrischenden Dusche und einem leckeren Frühstück belohnen, wird die Lauferfahrung positiv verstärkt. Und irgendwann denken Sie gar nicht mehr darüber nach, sondern joggen einfach.

WUNSCH UND WIRKLICHKEIT

Kennen Sie das? Die Vorstellung, wie etwas zu sein hat oder wie Sie sein möchten, scheint zum Greifen nah: eine schönere Einrichtung, ein sportlicherer Körper, bessere Ergebnisse bei der Arbeit. Doch dann merken Sie plötzlich, die Realität sieht ganz anders aus. Und tatsächlich haben Sie keine Ahnung, wie Sie die Kluft zwischen Wunsch und Realität überwinden könnten?

Hier finden Sie ein paar Tipps, wie Sie den Sprung über diesen Gletscherspalt schaffen, wieso es manchmal kein Sprung, sondern eine Brücke sein muss, und warum es sich in einigen Situationen lohnen kann, die Kluft einfach hinter sich zu lassen und in eine andere Richtung zu schauen.

Nichtkönnen oder Nichtwollen?

Oft sind die Bilder, in denen sich unsere Wünsche ausdrücken, wie zum Beispiel die Vorstellung von einem großen Haus, einer festen Partnerschaft oder auch vom perfekten Urlaub, gar nicht unsere eigenen Bilder.

Vielmehr entsprechen sie den Vorstellungen der herrschenden kulturellen, medialen, politischen Ideale – oder den Vorstellungen und Wünschen unserer Eltern, unserer Partner und Freundinnen oder unserer Role Models.

Ebenso kann es sich mit den Erwartungen an uns selbst verhalten: Die Wunschbilder, die wir von uns selbst im Kopf haben, sind in Wirklichkeit oft nicht die Bilder, die wir im Inneren erleben. Es sind Projektionen von außen, die uns glauben machen, dass es unser eigener Wunsch ist, bestimmten Erwartungen zu entsprechen.

Der Eindruck, diesen Erwartungen nicht entsprechen zu können, könnte auch ein inneres Aufbegehren sein, weil Sie diesen Vorstellungen gar nicht entsprechen wollen. Der Wunsch „Ich will so bleiben wie ich bin" kann sich in diesem Fall tief im Unterbewusstsein verankert haben und wichtiger sein als der Wunsch „Ich will so werden, wie andere mich haben wollen!"

TIPP: Denken Sie nicht sofort, dass Sie es nicht schaffen, Ihren inneren Schweinehund zu überwinden und sich zu verändern. Lassen Sie den Gedanken zu, dass Sie es eventuell aus guten Gründen nicht wollen! Welche könnten das sein?

So tun als ob ...

Getreu dem Motto „Was nicht ist, kann ja noch werden", können Sie einfach so tun, als ob Ihr Wunsch bereits der Wirklichkeit entspricht. Das klingt für Sie ein wenig nach Selbstbetrug? Ist es auch – aber im guten Sinne! Sie wünschen sich zum Beispiel, in einem großen Haus zu wohnen, um regel-mäßig Dinnerpartys veranstalten zu können und der Mittelpunkt des sozialen Lebens zu sein? Laden Sie doch einfach in Ihre kleine Zweizimmerwohnung ein und tischen Sie auf, als seien Sie schon in Ihrem fantasti-schen Traumhaus. Es wird zwar vielleicht etwas eng werden, aber Ihre Großzügigkeit, das gelungene Fünf-Gänge-Menü und die heitere Stimmung werden das Gefühl, das Sie ersehnen, (mindestens ansatzweise) herstellen können. Ergreifen Sie Ihre Träu-me beim Schopf, anstatt sie aufzuschieben, bis die geräumige Wohnung oder der „rich-tige" Partner am Horizont auftauchen.

TIPP: Fragen Sie sich: „Wie würde ich meine Sonn-tage gestalten, wenn ich in einer glücklichen Bezie-hung wäre? Und dann fragen Sie sich: „Wie kann ich dieses Gefühl jetzt schon herstellen?" Vielleicht durch ein ausgiebiges Frühstück im Bett oder einen Ausflug. Das ändert zwar nicht Ihre Situation, aber Ihr Gefühl ganz sicher.

Kommt Zeit, kommt Tat!

Es lässt sich nicht leugnen, heutzutage sind viele Dinge nur einen Klick weit entfernt: der Wikipedia-Eintrag über die Relativitätstheorie ebenso wie Pornos oder Anleitungen zur perfekten Yogaroutine. Digitale Technologien machen es möglich! Diese Logik übertragen viele Menschen auf sich selbst und das eigene Leben: Sie erwarten von sich und anderen ebenso schnelle Ergebnisse und genauso schnelle Antworten wie vom World Wide Web. Es

mag vielleicht altbacken klingen, aber: Menschen sind keine Computer und Sprich-wörter wie „Gut Ding will Weile haben" sind ein wenig zu Unrecht aus der Mode ge-kommen. Manches, und dazu gehören auch Verhaltensänderungen oder die Erfüllung von Wünschen, braucht einfach Zeit und gute Bedingungen. Haben Sie Vertrauen und üben Sie sich ein wenig in Geduld.

Ein Beispiel: Ein Mann schafft es nicht, mit dem Rauchen aufzuhören. In den letz-ten zehn Jahren hat es immer wieder An-lässe gegeben, die den Startschuss für ein rauchfreies Leben markieren sollten, doch nie hat es geklappt. Dann macht er einen Campingurlaub und nach einer Woche ge-hen die Zigaretten aus. Erst nach weiterer drei Tagen gibt es die Möglichkeit, neue zu kaufen. Doch die Lust auf eine Zigarette war plötzlich verflogen. Die bloße Vor-stellung, mitten in der Natur zu rauchen, er-schien völlig abwegig. War nun die Schön-heit der Natur, die entspannte Stimmung, oder die Motivation, es noch länger als die-se drei Tage auszuhalten, ausschlagge-bend? Wir wissen es nicht. Vielleicht kam alles zusammen. Die Bedingungen waren förderlich und es war einfach an der Zeit.

TIPP: Was haben Sie in Ihrem Leben bereits geschafft oder geändert, obgleich Sie mehrere Anläufe dafür ge-braucht haben? Überlegen Sie sich, woran die ersten Versuche gescheitert sind, und schreiben Sie sich die Gründe auf. Was hat schließlich zum Erfolg geführt? Schreiben Sie sich auch das auf.

Weitsicht wagen
Bevor es an die Umsetzung
geht, müssen Sie zunächst
wissen, was Sie eigentlich
(langfristig) wollen.

WÜNSCHE VER-WIRKLICHEN – SO GEHT'S

Haben Sie das Gefühl, Ihre Wünsche verpuffen in der Luft, ohne jemals umgesetzt zu werden? Oder fühlen Sie sich nach einem erreichten Ziel so ausgebrannt, dass es ewig dauert, bis Sie sich der nächsten Herausforderung stellen? Dann fehlte Ihnen bisher vielleicht die richtige Strategie. Versuchen Sie es mal so:

1 **Vision finden** Welche Wünsche haben Sie überhaupt? Was möchten Sie erleben? Was möchten Sie besitzen? Wie möchten Sie sein? Anregungen, wie Sie das herausfinden, lesen Sie ab S. 60. Am besten formulieren Sie Ihren Wunsch positiv (S. 57) und möglichst konkret.

2 **Zweifel beseitigen** Notieren Sie drei Gründe, warum Sie denken, dass dieser Wunsch jetzt an der Reihe ist oder was die Erfüllung dieses Wunsches Ihnen oder anderen Gutes bringt.

3 **Kraft tanken** Sorgen Sie dafür, dass sowohl Ihr Geist als auch Ihr Körper gut gestärkt sind. Gehen Sie Tätigkeiten nach, die Ihr Selbstwertgefühl aufrichten, umgeben Sie sich mit Menschen, die Ihre Energiespeicher auffüllen, schlafen Sie ausreichend, essen Sie ausgewogen und bewegen Sie sich an der frischen Luft.

4 **Kritikern die Stirn bieten** Lassen Sie sich nicht von Menschen oder Ereignissen abhalten, die Ihnen Steine in den Weg legen wollen. Weisen Sie diese (zumindest gedanklich) in ihre Schranken.

5 **Erfolg feiern** Sobald sich erste Erfolge zeigen, schenken Sie ihnen Beachtung und feiern Sie diese Errungenschaft. Gönnen Sie sich eine besondere Belohnung, die Sie vorab festgelegt haben, und erzählen Sie anderen von Ihren Fortschritten.

6 **Freude empfinden** Halten Sie sich Ihren Erfolg täglich vor Augen und lächeln Sie, wenn Sie an ihn denken. Freuen Sie sich an den schönen Dingen, die Ihnen jetzt vielleicht mehr auffallen!

7 **Pause machen** Nehmen Sie eine Auszeit. Machen Sie einen Tag oder mehrere Tage frei. Denken Sie an nichts Neues. Versuchen Sie einmal, im guten Sinne Langeweile zu empfinden!

8 **Do it again!** Wenn der richtige Zeitpunkt gekommen ist, beginnen Sie wieder bei Schritt 1. Bereichern Sie Ihr Leben, indem Sie Ihre eigene Wunschfee sind.

Lust, Freude und Genuss können Stress verursachen. Wie bitte? Ja, richtig gelesen. Dann nämlich, wenn das, was Ihnen Spaß macht, immerzu Schuldgefühle hervorruft oder Sie im Freudentaumel regelmäßig über die Stränge schlagen. Wie Sie sich unbefangen etwas gönnen können, erklären wir auf den folgenden Seiten. Damit die schönen Dinge des Lebens wie Freizeit, Sex und Humor bloß nicht zu kurz kommen.

Rein ins Leben!

FREUDE MUSS SEIN

Fragen Sie sich manchmal, ob Sie überhaupt ein Recht auf Frohsinn haben? Oder ob Lebensfreude und Genuss Luxusgüter sind, die Sie sich erst noch verdienen müssen? Oder die nur für andere, nicht aber für Sie bestimmt sind? Damit sind Sie nicht allein. Viele Menschen akzeptieren stillschweigend, dass ihr Leben wenig Freude bietet – dabei ist der Wunsch nach Lustgewinn ein psychologisch anerkanntes Grundbedürfnis. Das seelische Wohlbefinden leidet, wenn keinerlei Freude erlebt oder sich jedweder Genuss verboten wird.

Alle haben Spaß, nur ich nicht

Soziale Medien können den Eindruck erwecken, alle um uns herum hätten gerade die beste Zeit ihres Lebens: Städtetrip, Strandurlaub, Spa-Weekend. Bei den anderen ist Spaß ohne Ende angesagt. Kein Wunder, dass wir dann schnell das Gefühl haben, gar nicht richtig zu leben, wenn es bei uns weniger aufregend zugeht. Ein weiterer Stressfaktor, der sich auf das Freudenkonto legt.

Spaß ist ein Grundbedürfnis

Essen, Trinken und Schlafen sind körperliche Bedürfnisse, die wir für unser Überleben befriedigen müssen. Die Psychologie hat darüber hinaus Grundbedürfnisse formuliert, die sich auf das seelische Wohlbefinden und die eigene Zufriedenheit beziehen. Abraham Maslow hat die menschlichen Bedürfnissen pyramidenartig in fünf Stufen eingeteilt, auch Jeffrey Young geht von fünf unterschiedlichen Grundbedürfnissen aus, zu denen neben Sicherheit und Akzeptanz auch Spiel, Spontaneität und Selbstkontrolle gehören. Klaus Grawe hat die psychologischen Grundbedürfnisse in vier Cluster gefasst. Werden diese nicht erfüllt, empfinden wir Stress. Ganz ähnlich, wie wenn wir unseren Durst ignorieren und nichts oder zu wenig trinken.

Die vier Grundbedürfnisse

Neben Bindung und Zugehörigkeit, Selbstwerterhöhung und Selbstwertschutz, Orientierung und Kontrolle zählen auch Lustgewinn und Unlustvermeidung zu den vier psychischen Grundbedürfnissen nach Grawe. Genuss und Freude sind also keine Luxusgüter, sondern – zumindest für die seelische Gesundheit – unabdingbar. Deshalb ist es wichtig, unbefriedigte Bedürfnisse als solche zu erkennen und für ihre Erfüllung einzutreten – jedenfalls solange Sie niemandem mit Ihrer Bedürfnisbefriedigung Schaden zufügen oder niemanden gefährden.

Was hindert Sie?

Jeder Mensch hat ein Recht auf Leichtigkeit, Lust und Lebensfreude. Doch viele scheitern daran, eine Balance zwischen Sinneslust und Gehemmtheit zu finden, die sich dauerhaft gut anfühlt. Das ewige Pendeln zwischen „gar nicht", „zu viel" oder „zu wenig" macht zu schaffen. Von morgens beim Frühstückstisch bis abends unter der Bettdecke schwebt diese eine Frage über uns: „Darf ich das?" Der Gedanke „Das steht mir doch zu!" wird allzu oft weggeschoben. Warum ist das so? Schauen wir uns dazu die vier Spaßbremsen an. Sie zu kennen und zu identifizieren, ist der erste Schritt zu mehr Lust in Ihrem Leben.

Extra-Info: Bei manchen sind die Spaßbremsen durch die eigene Biografie so tief verankert und stark ausgeprägt, dass es schwierig ist, sie als solche zu erkennen. Eine Psychotherapie kann dabei helfen.

„ICH SCHÄME MICH"

Das Gefühl von Scham ergibt sich, wenn wir glauben, moralisch versagt zu haben. Manchmal zeigt es sich durch Rotwerden oder Schwitzen auch körperlich und ist damit für andere sichtbar, was wiederum von vielen als unangenehm empfunden wird. Ein ausgeprägtes Schamgefühl geht häufig mit der Vorstellung einer, dass es eine Instanz gebe, die alles sieht und nach deren Moralvorstellungen man zu leben habe. In der Folge verbieten wir uns Dinge, die damit nicht vereinbar sind. Ganz unabhängig davon, ob eine solche Instanz real existiert oder „nur" in unserem Kopf.

„DAS DURFTE ICH NICHT"

Schuldgefühle können uns ebenso wie Scham lange beschäftigen und quälen. Um sie bereits im Vorfeld zu vermeiden, unterlassen wir Aktivitäten, die Gefühle von Schuld auslösen könnten, lieber gleich komplett und nehmen uns damit die Chance auf mehr schöne Erlebnisse.

„ICH KANN NICHT AUFHÖREN"

Wer hat nicht schon mal über die Strenge geschlagen, die Stopptaste nicht gefunden und dann die Quittung dafür bekommen? Ob Serien, Süßigkeiten oder Alkohol – die Liste ist lang und individuell. Warum hinterlassen Dinge, die so viel Spaß machen, sooft einen schalen Nachgeschmack? Weil sich das schlechte Gewissen meldet – und manchmal sogar gesundheitliche Folgen.

„ICH MUSS SPASS HABEN"

„Das Leben ist einfach nur großartig!", „Ich bin für mein Glück alleine verantwortlich." – Solche Maximen sorgen dafür, dass Sie sich als Versagerin fühlen, wenn Ihnen einmal nicht nach Spaß zumute ist. Wir geben es Ihnen schriftlich: Sie dürfen schlechte Laune haben! Lassen Sie negative Gefühle zu, geben Sie ihnen Raum und gehen Sie ihnen auf den Grund. Wer miese Stimmung unterdrückt, wird auf Dauer nur unglücklicher.

Lächeln?

Der Psychologe Dieter Zapf hat herausgefunden, dass **BERUFLICH** verordnetes Lächeln so sehr stressen kann, dass es zu Depressionen führen kann.

Ein Lächeln deutet oft auf Zufriedenheit hin, kann aber auch **ANTRAINIERT** sein, um Anspannung zu überspielen.

AN SICH IST LÄCHELN ETWAS SCHÖNES. In einigen Berufen gilt es aber als Kennziffer für guten Service, beispielsweise in der Gastronomie oder bei Flugbegleitern. Wer lächelt, bekommt nachweislich mehr Trinkgeld. Damit die Kunden wiederkommen, wird in verschiedenen Branchen ein Lächeln auf Knopfdruck verlangt. Fühlen wir uns aber nicht danach, kann die willentliche Aktivierung der Gesichtsmuskeln stressig sein – sowohl körperlich als auch psychisch. Vermutlich kennen Sie dieses anstrengende „Vorzeigelächeln" auch aus dem Privaten.

Lachen!

Lachen ist tatsächlich ansteckend. Alleine das Geräusch vom Lachen aktiviert unsere sogenannten **SPIELGELNEURONEN** und wir lachen mit. Viele Sitcoms haben sich diesen Effekt zunutze gemacht.

Beim lauten Lachen sind nicht nur die Gesichtsmuskeln beteiligt, sondern auch das **ZWERCHFELL** und die Bauchmuskeln. Lachen ist praktisch Sport.

LINDERT STRESS UND ANGST: Nur wenige Minuten nach einem herzhaften Lachen stellt sich automatisch eine Entspannungsphase ein. Das Stresshormon Cortisol sinkt ab und gleichzeitig steigt der Pegel des Glückshormons Endorphin. Es ist also eine gute Idee, zur Stressbewältigung öfter mal herzlich zu lachen. In dem Fall sogar gerne „falsch" (S. 73). Ansonsten scheuen Sie sich nicht davor, bewusst Unterhaltung zu konsumieren, die Sie zum Lachen bringt! Ob das ein Video von watschelnden Enten ist oder ein lustiges Foto, ist völlig egal.

LACHEN IST GESUND

Lachen Sie oft alleine? Vermutlich nicht. Denn diese angeborene Ausdrucksform kommt hauptsächlich zum Einsatz, wenn wir in Gesellschaft sind. Was genau bei schallendem Gelächter passiert und wieso wir manchmal drauflosprusten, obwohl wir uns gar nicht köstlich amüsieren, erfahren Sie im Folgenden.

Was passiert im Körper?

Im Unterschied zum Lächeln oder Schmunzeln, kommen beim Lachen durch das stoßartige Ausatmen lustige Geräusche hinzu. Manchmal sind es sogar genau diese witzigen Töne, die dazu führen, dass noch mehr gelacht wird oder wir gar nicht mehr aufhören können. Es kann sich so anfühlen, als kämen wir mit dem Luftholen nicht mehr hinterher. Tatsächlich atmen wir beim Lachen drei- bis viermal schneller.

Dabei wird sauerstoffarme Luft in unseren Lungen durch sauerstoffreiche Luft ersetzt. Das steigert die Aufmerksamkeit und sorgt für ein wacheres Gefühl. Gleichzeitig schlägt das Herz schneller, der Kreislauf kommt in Schwung – mitunter so sehr, dass einem schwindelig werden kann. Auch die Muskulatur wird aktiviert. Ihre Brustmuskeln und Ihr Zwerchfell ziehen sich rhythmisch zusammen und entspannen sich wieder.

Und das ziemlich schnell hintereinander. Dadurch, dass sich das Zwerchfell von oben nach unten bewegt – und das ziemlich schwungvoll –, werden die umgrenzenden Organe massiert.

Extra-Info: Ein echtes Lächeln wird nach dem französischen Physiologen und Neurologen Guillaume-Benjamin Duchenne das Duchenne-Lächeln genannt. Er fand im 19. Jahrhundert heraus, dass ein echtes Lächeln nicht nur die Mundwinkel mit einbezieht, sondern auch Fältchen rund um die Augen erzeugt.

Und danach?

Wer fühlt sich nach herzhaftem Gelächter nicht gelöst, befreit und gleichzeitig ungeheuer entspannt? Es ist ein wunderbares Gefühl, wenn der Körper wieder zur Ruhe kommt, nachdem er so richtig gut durchblutet wurde und sich dennoch nicht erschöpft, sondern belebt anfühlt.

Humor hält gesund

Humor als die Fähigkeit, andere zum Lachen zu bringen und heiter durchs Leben zu gehen, ist eine bewährte Strategie, mit Unzulänglichkeiten und alltäglichen Schwierigkeiten umzugehen. Umgeben Sie sich bewusst mit Dingen und Menschen, die Sie erheitern, und haben Sie keine Scheu davor, auch selbst einmal albern zu sein.

Lachen verschafft Erleichterung

Haben Sie schonmal in einer unpassenden Situation lachen müssen? In Momenten, die alles andere als komisch waren? Was absurd erscheint, ist völlig normal! Wenn die psychische Belastung zu hoch ist, kann Lachen als Entlastungsreaktion einsetzen. Einigen Menschen ist es passiert, dass sie lachen mussten, als sie vom tödlichen Unfall ihres Partners erfahren haben oder während einer Beerdigung.

Der Psychologe Matthew Ansfield von der Lawrence Universität im US-Bundesstaat Wisconsin hat das Lachen im Zusammenhang mit psychischer Belastung genauer untersucht. Er hat Menschen Filme mit verstörendem Inhalt gezeigt, und beobachtet, dass diese mehr lächelten als Personen in der Vergleichsgruppe, die Filme mit neutralen Inhalten sahen. Die Vermutung liegt daher nahe, dass Lächeln, aber auch Lachen, eine selbstregulierende Funktion hat.

Lachen als Stressreaktion

Manche Menschen setzen Lachen auch – bewusst oder unbewusst – strategisch ein. Etwa, um einen drohenden Konflikt abzuwenden oder weil sie eine Beziehung bestärken möchten. Es ist eine bewährte Taktik, sich einer Gefahrensituation mit gespielter Freundlichkeit, Schmeicheleien und einem höflichen Lächeln zu stellen, in der Hoffnung, der Situation so unversehrt zu entkommen oder sie zu deeskalieren (siehe S. 70). Vor allem Frauen mag dieses Verhalten im Kontext von unangenehmen Begegnungen bekannt vorkommen.

Lach doch mal

„Wir lachen nicht, weil wir glücklich sind – wir sind glücklich, weil wir lachen!" Einfach draufloslachen, auch wenn es keinen Grund dazu gibt – das ist die Idee des indischen Arztes Madan Kataria, der 1995 den ersten Lachyoga-Club gründete und von dem das oben stehende Zitat stammt.

Beim Lachyoga (Sanskrit: Hasya-Yoga) wird ohne Zuhilfenahme von lustigen Elementen gelacht – nach dem Motto „Fake it, until you make it!", das auch im modernen Ansatz des Embodiment (siehe S. 109) eine zentrale Bedeutung hat. Lachyoga bezieht den ganzen Körper mit ein und ist eine Kombination aus Klatsch-, Dehn- und Atemübungen. Nach Angaben des Europäischen Berufsverbandes für Lachyoga und Humortraining e. V. gibt es mittlerweile weltweit über 6 000 Lachclubs in mehr als 100 Ländern und auf allen Kontinenten. Probieren Sie es doch einfach mal aus und gönnen Sie dem inneren Miesepeter eine Pause.

Extra-Tipp: Wenn Sie das Thema interessiert, lesen Sie hierzu auch das Dossier auf www.test.de: „Lachen als Therapie". Es enthält ein Interview mit dem Arzt, Komiker und Gründer der Stiftung „Humor hilft heilen" Eckart von Hirschhausen: https://www.test.de/Lachen-als-Therapie-Die-heilende-Kraft-des-Humors-4915208-0/

Sportskanone?

Bei zu viel körperlicher **ANSTRENGUNG** reagiert Ihr Hormonhaushalt: Sie sind dann nicht nur erschöpft, sondern fühlen sich auch niedergeschlagen!

Wenn Sie sehr müde sind, ist die Gefahr groß, dass Sie sich beim Sport **VERLETZEN.** Und dann droht eine längere Bewegungspause.

VIEL HILFT VIEL? Wenn Sie falscher Ehrgeiz packt und Sie überambitioniert Sport treiben, ohne auf Ihren Körper zu achten, kann das negative Folgen haben. Denn zu heftiges Training in Kombination mit zu wenig Zeit zur Regeneration kann zu Überlastung und schlimmstenfalls zu einem Zustand chronischer Erschöpfung führen. Erste Anzeichen für Übertraining sind ungewohnt starker Muskelkater, Schlafstörungen und Kopfschmerzen. Außerdem sind Sie anfälliger für Infekte und Ihr Ruhepuls ist zu niedrig oder deutlich erhöht.

Feierabend-Yogi!

Wählen Sie Sport-arten, die sowohl Mus-kelkräftigung als auch **MUSKELDEHNUNG** vereinen.

Yoga ist doof? Vielleicht haben Sie einfach noch nicht den für Sie **PASSENDEN STIL** ge-funden. Je nach Ausrich-tung, kann Yoga nämlich ganz anders sein.

WENIGER IST MANCHMAL MEHR! Es ist beruhi-gend zu wissen, dass manche Trends auch der Entschleunigung dienen. Sogenannte sanfte Sportarten wie Nordic Walking, aber auch fern-östliche Körper-Geist-Disziplinen wie Yoga sind immer mehr im Kommen. Sie sind für alle ge-eignet und machen schonend fit. Doch Vor-sicht: Auch beim Yoga können Sie sich Leis-tungsdruck machen und beim Nordic Walking heimlich für den Marathon trainieren. Am Ende des Tages ist es nicht nur eine Frage der Sport-wahl, sondern auch eine Frage der Einstellung.

Oase der Ruhe

ENTSPANNUNG KOMMT VON INNEN. Doch es gibt nützliche Dinge, die das Entspannen noch entspannter gestalten können.

Klangschale

Sie können den Beginn und das Ende einer Entspannungseinheit signalisieren. Mittlerweile gibt es sogar Klangschalen-Apps, die als Meditationswecker funktionieren.

Yogamatte

Auf einer Fläche von etwa 80 × 180 Zentimetern können Sie sich ganz auf sich selbst besinnen. Wichtig ist, dass die Matte rutschfest ist und gut dämpft.

Augenkissen

Augenkissen sind meist mit Leinsamen gefüllt. Die angenehme Schwere lässt Lider, Stirn und Schläfen entspannen. Es gibt auch Ausführungen mit Lavendelblüten.

Düfte

Finden Sie eine Mischung, die Ihnen gefällt. Es gibt Raumdüfte zum Sprühen sowie ätherische Öle, die Sie auf einen Duftstein tropfen oder in einer Lampe verdampfen lassen können. Vermeiden Sie Hautkontakt, da es zu Kontaktallergien kommen kann.

Sitzkissen

Ein festes Yogakissen sorgt durch die leicht erhöhte Position dafür, dass Sie bequemer und müheloser aufrecht sitzen können. Eine zusammengefaltete Decke erfüllt denselben Zweck.

IM PRINZIP braucht es für Yoga oder Entspannungsübungen nichts als etwas Zeit und ein wenig Platz. Doch um den inneren Schweinehund zu überlisten, kann es helfen, zu Hause eine Ecke mit Gegenständen zu gestalten, die förmlich zur Entspannung einladen.

Dabei geht es nicht nur um die Funktion, die diese Dinge erfüllen, wie zum Beispiel, dass Sie auf einer angenehmen Matte liegen und nicht auf dem kalten Fußboden, sondern auch um den symbolischen Raum, den Sie mit diesen Gegenständen erschaffen. Je öfter Sie auf Ihrer Yogamatte kostbare Momente der Ruhe und Beruhigung erleben, desto eher wird der Stress schon beim Ausrollen ein wenig nachlassen.

EXTRA-TIPP: Suchen Sie einen geeigneten Ort für Matte und Co, am besten dort, wo Sie die Entspannungsübungen auch praktizieren möchten. Wenn es der Platz hergibt, können Sie natürlich auch einen festen Entspannungsort einrichten.

Home Sweet Home

IN EIN SCHÖNES ZUHAUSE ZU INVESTIEREN, heißt auch, in sich und das eigene Glück zu investieren. Und: Es muss nicht teuer sein!

Pflanzen und Blumen

Holen Sie sich Natur in die Wohnung! Entweder durch Pflanzen oder durch frische Blumen. Vor allem, wenn Ihr Blick aus dem Fenster nicht ins Grüne geht.

Exklusiv

Auch wenn Sie sonst gerne teilen: Bunkern Sie einen Platz nur für sich, egal ob es ein ganzes Zimmer oder nur ein Sessel ist. Dieser eine Ort ist Ihr Refugium!

Gemütlich

Kissen, Decken und Co laden förmlich zum Wohlfühlen ein. Vor allem im Winter sorgt eine Wolldecke für Gemütlichkeit.

Stimmungsvoll

Mit warmem Licht (z. B. durch Kerzen) und einem angenehmen Duft, der Ihnen besonders gefällt, können Sie eine Stimmung wie in einer Wellness-Oase kreieren.

Mit Freude erfüllt

Jedes Zuhause ist am schönsten, wenn es mit Lachen und Liebe gefüllt wird. Laden Sie doch einmal eine Freundin zum Tee ein. Ganz ohne Stress.

Ordentlich

Oft genügt es schon, sich einen Ort zu schaffen, der aufgeräumt und sauber ist. Denn hier hat der volle Kopf einmal Pause. Tipps, wie das gelingt, finden Sie im Ratgeber der Stiftung Warentest „Ordnung nebenbei!"

QUALITY TIME? QUALITY ORT!

Wie und wo wir wohnen, kann einen großen Einfluss darauf haben, wie es uns geht und wie wir uns fühlen. Das zeigt unter anderem eine Studie des Happiness Research Instituts, wonach unsere Wohnsituation zu 15 Prozent für unser allgemeines Wohlbefinden verantwortlich ist, gleich nach der psychischen und dicht gefolgt von der körperlichen Gesundheit.

Das Zuhause ist im Idealfall ein Ort, an dem Sie sich sicher fühlen, einfach sein können und Ihre Persönlichkeit ausdrücken können. Richten Sie es so ein, dass Sie zuhause entspannen können.

Meist braucht es nur kleine Veränderungen, die noch nicht einmal kostspielig sein müssen, um aus einer durchschnittlichen Wohnung einen Platz zum Auftanken zu machen. Alles ohne Stress, versteht sich. Es geht nur um Sie und darum, unter welchen Bedingungen Sie sich wohlfühlen – und nicht um einen Preis bei Schöner Wohnen!

Kopfkino?

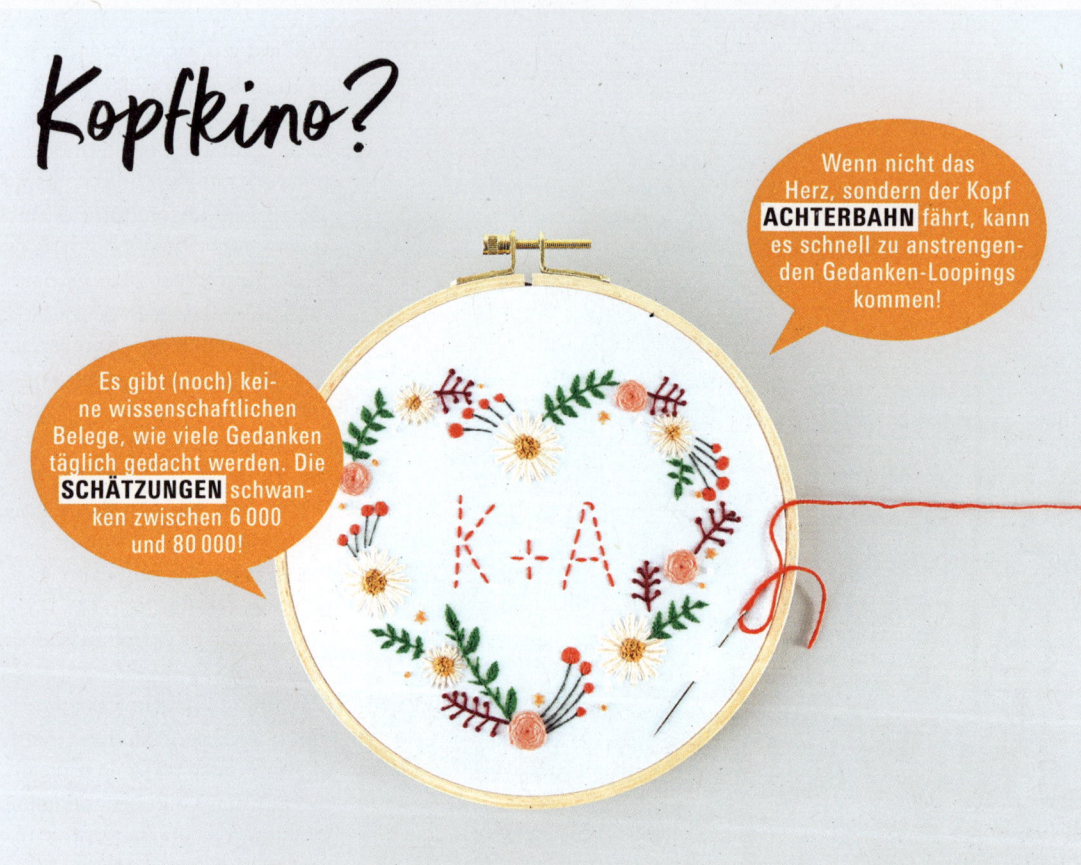

Wenn nicht das Herz, sondern der Kopf **ACHTERBAHN** fährt, kann es schnell zu anstrengenden Gedanken-Loopings kommen!

Es gibt (noch) keine wissenschaftlichen Belege, wie viele Gedanken täglich gedacht werden. Die **SCHÄTZUNGEN** schwanken zwischen 6 000 und 80 000!

ERFAHRUNGEN EINKALKULIEREN und vorausschauend denken, um mögliche Konsequenzen abschätzen zu können: Das ist in vielen Momenten des Lebens eine gute Idee. Doch bei Gefühlsangelegenheiten kann Sie dieses Kopfkino ganz schön kopflos machen. Wenn Sie verliebt sind und sich bei jeder Regung der geliebten Person fragen, was wohl gerade in ihrem Kopf vorgehen mag und was das zu bedeuten habe, machen Sie sich viel Stress und verpassen noch dazu die Schönheit des Augenblicks. Und schlauer werden Sie auch nicht.

Herzklopfen!

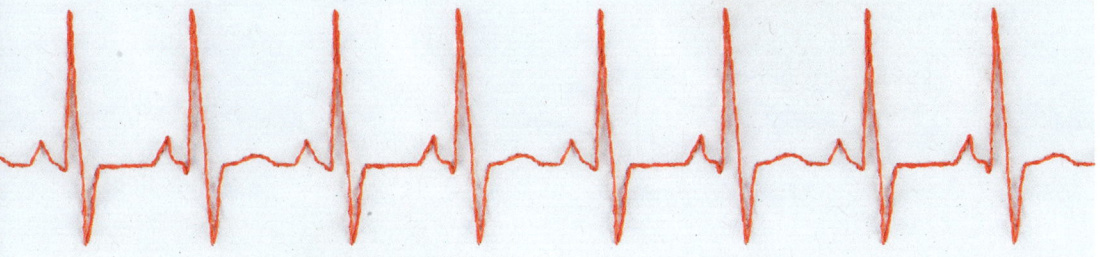

Dem Ruf des Herzens zu folgen, fußt meistens auf spontanen Entscheidungen. Außenstehenden kann das ganz schön **IRRATIONAL** vorkommen, einen selbst kann es hingegen beflügeln.

Eine **KLEINE DOSIS** vom Action-Hormon Adrenalin tut dem Körper sogar gut!

WENN SIE IHREN DENKAPPARAT AUSSTELLEN und sich Ihren Gefühlen hingeben, kann in der dabei empfundenen Aufregung höchste Entspannung entstehen. Dann dürfen auch bis dahin unterdrückte und angestaute Gefühle erlebt werden – und das baut Stress ab. Es mag unvernünftig erscheinen, freiwillig in eine Achterbahn zu steigen. Doch der rasante Wechsel von Angst und Erleichterung oder Lust, den das Auf und Ab mit sich bringt, ist etwas ganz Natürliches. Genießen Sie dieses Abenteuer – spielerisch und gefahrenlos!

G-Punkt?

uuuuuuuHHHH...

ER WIRD VIEL ZITIERT: der G-Punkt! Er soll sich an der Vaginalwand befinden. Das hieße: Es gibt einen Bereich in der Vagina, der bei Stimulation zum Orgasmus führt. Anders ausgedrückt: Frau kommt dann, wenn der Penis in der Vagina ist. Das suggeriert: Nur penetrativer Sex ist richtiger Sex. Viele Menschen setzt das unter Druck, besonders diejenigen, die besser oder „nur" durch klitorale, also äußere Berührung, stimuliert werden können. Befreit man sich vom Mythos G-Punkt als einzigen Orgasmusbringer, gewinnt die Lust!

Lust von A-Z!

Wer sich beim Sex bewegt und den **ATEM** bewusst miteinbezieht, erlebt ihn positiver.

Lust ist eine sehr persönliche Angelegenheit: Klar im Vorteil sind Menschen, die ihre **LUSTAREALE** selbst ergründet haben – bei ihnen verschwinden auch die Mythen ganz schnell in der Mottenkiste.

DER NEUESTE STAND DER FORSCHUNG macht Schluss mit der Unterscheidung von klitoralem und vaginalem Orgasmus. Seit 1998 ist bekannt, dass die Klitoris bis tief in den weiblichen Unterleib hineinreicht, einen vaginalen Orgasmus ohne klitorale Stimulation gibt es also ohnehin nicht. Fokussieren Sie sich auf das, was Ihnen Lust bereitet, und setzen Sie auf Individualität statt veralteter Konformität! Es ist übrigens auch nichts dagegen einzuwenden, beim penetrativen Sex einen Vibrator für die äußere Stimulation hinzuzuziehen. Ausprobieren!

FÜNF MYTHEN ÜBER SEX

Regelmäßige sexuelle Aktivität wirkt sich positiv auf die körperliche und seelische Gesundheit aus: Sie fühlen sich unbeschwerter, fitter und selbstbewusster. Unglücklicherweise hat Stress gleichermaßen negative Folgen auf unser Sexualleben, wie eine Studie in Zusammenarbeit mit der Bundeszentrale für gesundheitliche Aufklärung herausgefunden hat.

Sind wir krank oder gestresst, belastet das unser Sexualleben, jedenfalls bezüglich Aktivität und Zufriedenheit. Aber auch die vielen Mythen, die sich um Sex ranken, können uns ganz schön den Spaß verderben! Nicht selten steht dahinter nämlich lustfeindlicher Leistungsdruck oder verstaubte Moralvorstellungen. Machen wir Schluss damit!

Keine Lust ist nicht normal

Der Mythos: In der ICD-10, dem Diagnose-Handbuch für Ärztinnen und Therapeuten, ist der Mangel an Verlangen als psychische Störung definiert. Auch deshalb gibt es viele Mittel, die luststeigernd wirken sollen. In den USA ist sogar „Pink Viagra" für die Frau zugelassen. In Fachkreisen wird nicht nur über diese Pille heftig diskutiert, sondern auch über die Vorstellung, dass keine Lust eine Krankheit sei.

Die Wahrheit: Der Glaube, dass mit einem Menschen etwas nicht stimmen kann, wenn er (phasenweise) keine Lust auf Sex hat, ist überholt. Oft gibt es gute und gesunde Gründe für die Abwesenheit von Lust. Machen Sie kein Problem daraus, wenn es keines ist!

Sex kann man nicht lernen!

Der Mythos: Wenn es im Bett nicht läuft, stimmt die Chemie zwischen den Personen einfach nicht. Ein Irrglaube! Denn Hauptgrund Nummer eins warum es beim Sex nicht gut läuft, ist nicht mangelnde Anziehung oder Chemie, sondern mangelndes Wissen – nicht in Bezug auf die neuesten Techniken und Trends, sondern in Bezug auf die eigenen Wünsche und Vorlieben und wie man diese formulieren kann.

Die Wahrheit: Kommunikation – auch über sexuelle Vorlieben – können Sie super lernen. Zu spüren, was Ihnen gefällt, und das dem Partner so mitzuteilen, dass Sie beide Spaß und Freude daran haben, ist nicht leicht, aber möglich.

Mindestens soundsovielmal

Der Mythos: Die Frage danach, wie viel Sex normal ist, wird immer wieder gestellt. Die Antwort darauf, egal, wie sie ausfällt, kann nur falsch sein. Denn genauso unterschiedlich wie die sexuellen Vorlieben, Wünsche und Fantasien sind, so individuell ist das menschliche Bedürfnis nach Sex. Und selbst bei einer Person kann es sich im Laufe eines Lebens ganz erheblich verändern.

Die Wahrheit: Beim Ausleben der eigenen Lust ist die oberste Maxime, sich dabei gut zu fühlen und nicht einem weiteren „Das muss so" hinterherzujagen. Für eine Partnerschaft ist es aber durchaus ratsam, über die (abwesende) Sexualität im Gespräch zu bleiben.

Selbstbefriedigung oder Liebe

Der Mythos: Im Mittelalter rief die Kirche Masturbation zur Todsünde aus. Onanie war angeblich die Ursache zahlreicher Krankheiten. Noch heute wirkt dieser Irrglaube nach, manche empfinden bezüglich Selbstbefriedigung Schamgefühle. Viele glauben außerdem, wer in einer Beziehung ist und regelmäßig masturbiert sei unzufrieden mit dem partnerschaftlichen Sex. Die Selbstbefriedigung wird hier als Konkurrenz erlebt.

Die Wahrheit: Masturbation hat eine andere Qualität als partnerschaftlicher Sex. Sie kann dazu dienen, den eigenen Körper besser kennenzulernen und vorher alleine auszuprobieren, was man eventuell gemeinsam erleben möchte.

Tote Hose im Alter!

Der Mythos: Nur junge Menschen haben Sex? Eine Studie konnte das nicht bestätigen. So erleben Männer und Frauen zwischen 40 und 50 zwar einen Einbruch bezüglich der sexuellen Aktivität – vermutlich weil andere Dinge wie die Erziehung der Kinder und Karriere viel Zeit in Anspruch nehmen –, doch ab 50 folgt wieder eine Hochphase.

Die Wahrheit: Vor allem Frauen haben nach den Wechseljahren oft wieder mehr Lust, weil sie ihren Körper besser annehmen können und die Angst vor ungewollten Schwangerschaften wegfällt. Ab etwa 65 sinkt die Quote wieder, wahrscheinlich wegen gesundheitlicher Beeinträchtigungen.

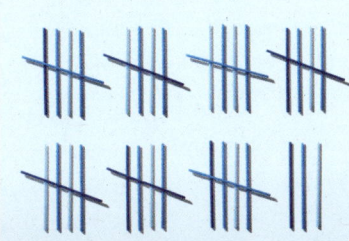

Heißer Sex?

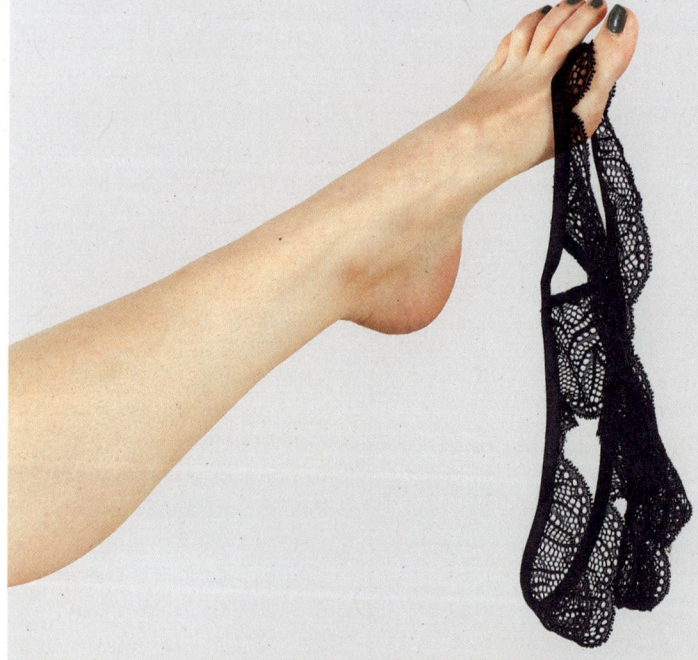

ATEMBERAUBENDER SEX ist eine schöne Sache, doch manchmal kostet es schon zu viel Kraft, die Stimmung dazu herzustellen. Und dann kann Sex zu einem weiteren Programmpunkt werden, der erledigt werden muss. Viele Männer leiden unter Erektionsstörungen, die nicht immer, aber oft, ein Zeichen von innerem Leistungsdruck sein können. Ebenso hat die Frau oft keine Lust, die medial verbreiteten Bilder von stöhnenden, allzeit bereiten Sexbomben zu erfüllen, sodass sie dann allein wegen dieser Vorstellung gestresst „Nein" sagt.

Warme Wollsocken!

Die Idee des **„SLOW SEX"** will eine Brücke schlagen zwischen zärtlichem Kuscheln und Leidenschaft.

Kein Scherz: **MIT WARMEN FÜSSEN** steigt bei Frauen die Orgasmusrate um 30 Prozent, das haben niederländische Forscher herausgefunden. Also einfach mal Socken anbehalten!

BEIM KUSCHELN wird Oxytocin ausgeschüttet. Es reduziert Stress, aktiviert das Belohnungssystem und sorgt damit rundum für Wohlbefinden. Und wenn die Devise gilt: „Nichts muss, alles darf!" und die sanfte Berührung des Partners nicht unweigerlich bedeutet, dass sich beide gleich bei wildem Sex auf dem Küchentisch wiederfinden, kann entspannte Zärtlichkeit entstehen. Nicht selten führen genau diese Absichtslosigkeit und das Gefühl von Sicherheit doch zu Sex. Aber auch wenn nicht, werden Sie sich ausgeglichener und geborgen fühlen.

VOLLE FAHRT VORAUS?

Fragen Sie sich auch manchmal, was Sie daran hindert, (guten) Sex zu haben? Die Sexualwissenschaftlerin Emily Nagoski hat sich diesem Problem frech, fundiert und freundlich angenommen und es in ihrem Buch „Komm`wie Du willst" sehr eindrücklich und unterhaltsam beschrieben. Orientiert hat sie sich dabei an dem sogenannten Dualen Kontrollmodell, begründet von dem ehemaligen Direktor des Kinsey-Instituts Dr. John Bancroft und Dr. Erick Janssen. Demnach arbeiten zwei Systeme in uns: das der sexuellen Erregung (Gaspedal) und das der sexuellen Hemmung (Bremse).

Lust und Stress

Negativer Stress jeder Art und Begehren passen nicht zusammen. Und auch Stress und sexueller Genuss sind inkompatibel. Sex wird vermutlich nicht schön sein, wenn Sie sich unattraktiv finden oder wenn Sie denken, dass Sie (sexuell) wenig zu bieten haben – solche Vorstellungen reichen aus, um Ihre Lust auf und den Genuss beim Sex zu erschweren oder völlig zu hemmen. Die meisten Stressfaktoren sind jedoch gar nicht sexueller Natur.

Meist wird die Lust durch äußere Reize, innere Vorstellungen oder Gedanken gebremst, die auf den ersten Blick mit Sex gar nichts zu tun haben müssen. Vielleicht sind Sie angespannt, weil Sie nicht wissen, ob die Beziehung sicher ist? Oder Sie fragen sich, ob der Müll schon rausgebracht ist? Oder ob die Kinder Sie vielleicht noch brauchen? Fest steht jedenfalls: Wenn sich Lustlosigkeit erst einmal breitgemacht hat, reicht es meist nicht aus, einfach die sexuellen Reize zu erhöhen. Denn die Ursachen für die Unlust liegen woanders.

Was hemmt mich?

Wenn Sie diese Erfahrung schon gemacht haben, ist die Frage nicht „Was kann meine Lust anregen?", sondern eher „Was hemmt eigentlich gerade meine Lust und was kann ich dagegen tun?" Sex wird über ein Zusammenspiel von hemmenden („Ich muss die Spülmaschine noch ausräumen!") und aktivierenden („Wow, hat der einen schönen Hintern!") neurophysiologischen Mechanismen reguliert. Wichtig ist hier: Auch der stärkste erotische Impuls kann nur dann Erregung hervorrufen, wenn nicht zur gleichen Zeit hemmende Faktoren wirken.

Kann eine Auto-Metapher helfen?

Was passiert, wenn Sie bei angezogener Handbremse aufs Gas treten? Der Motor heult auf, aber sonst passiert gar nichts!

GAS ODER BREMSE? WELCHER TYP SIND SIE?

Bei den meisten Menschen sind Gas und Bremse unterschiedlich sensibel. Je nach Veranlagung, persönlichen Erfahrungen oder nach Situation können sowohl Gas und Bremse oder nur eines der beiden Pedale sehr empfindlich oder eben sehr unempfindlich eingestellt sein.

Um aus diesem dualen Modell hilfreiche Schlüsse für Ihr eigenes Sexualleben ziehen zu können, ist es wichtig, dass Sie die beiden Pedale auseinanderhalten können. Wann steht etwas auf der Bremse und wann fehlt es einfach an einem ordentlichen Tritt aufs Gas? Eine Faustregel kann hier sein: Wenn Ihre Gedanken Sie leicht von körperlichen Empfindungen und Erregung ablenken oder diese verhindern, dann haben Sie vermutlich eine empfindliche Bremse. Wenn Sie sich umgekehrt leicht durch körperliche oder visuelle Reize von Ihren Gedanken wegtreiben lassen, haben Sie eher ein empfindliches Gas. Wenn Sie ganz genau wissen möchten, was Ihre Bremsen aktiviert und wie Sie diese Faktoren in Zukunft ausschalten, finden Sie unter folgendem Link einen Vier-Stufen-Plan von Emily Nagoski zu „Turning Off the Offs": https://www.emilynagoski.com/come-as-you-are-worksheets

Dessous, Sex-Toys und Pornos können zum Beispiel solche Impulse sein, die ins Leere führen. Denn wenn Sorgen, mangelnde Sicherheit oder selbstkritische Gedanken die Bremse aktivieren, passiert nichts, außer dass das Stressmonster brüllt.

Was tun?

Versuchen Sie herauszufinden, was auf Ihre Bremse drückt. Dazu ist es nötig, sich mit sich selbst zu beschäftigen. Und wenn Sie wissen, was Sie blockiert, können Sie sich der Frage widmen: „Was bringt mich in Fahrt?" Suchen Sie auch dabei nicht nur nach körperlichen Faktoren. Überlegen Sie sich, was Sie brauchen, damit zunächst Entspannung und das Gefühl von Sicherheit entstehen können. Denn beides bildet für viele Menschen den Nährboden für Lust. Das kann eine fairere Aufgabenverteilung im Haushalt sein (siehe S. 133) oder das Gefühl, gesehen zu werden. Sobald Sie Ihre persönlichen (unerfüllten) Bedürfnisse erkannt haben, ist es an Ihnen, sie Ihrem Partner mitzuteilen. Denn der Gedanke „Er muss mir doch meine Wünsche (die nicht mal ich kenne) von den Augen ablesen" ist etwas fürs Märchenbuch.

Ich wünsche mir ...
Damit Wünsche Wirklichkeit werden, sollten Sie sie nicht für sich behalten, sondern auch aussprechen.

WÜNSCH DIR WAS!

Unterdrückte Wünsche führen in den meisten Fällen zu Stress und Anspannung: bei Ihnen selbst und in den Beziehungen, die Sie führen. Sie lösen sich auch entgegen mancher Erwartung nicht von selbst auf, sondern nisten sich oft in einer Art Gedächtnis der unerfüllten Wünsche ein. Es gehört zum Menschsein dazu, Wünsche zu haben. Wer dazu steht, erhöht sein Selbstwertgefühl.

Die Wunschskala Mithilfe dieses kleinen Werkzeugs können Sie Ihre Wünsche gezielt äußern lernen und die Chance auf Erfüllung erhöhen! Nehmen Sie eine Skala von 1 bis 10. Dabei ist die 1 der Punkt der höchsten Unzufriedenheit und die 10 das für Sie maximal Wünschenswerte. Die 5 in der Mitte ist ein neutraler Punkt, wo etwas nicht stört, aber auch nicht begeistert. Beispiel: „Wenn du dich beim Heimkommen wortlos vor den Fernseher setzt, geht es mir 1. Wenn du mich fragst, wie mein Tag war, geht es mir 6. Und wenn du Blumen mitbringst, geht es mir 10." Oder ein anderes Beispiel: „Wenn wir verabredet einmal die Woche Sex haben, geht es mir 4. Wenn du mich spontan einmal im Monat verführst, geht es mir 6. Und wenn beides zusammenkommt, dann geht es mir 10." Durch die Skala wird Druck genommen, denn der Wünscheerfüller bewahrt seine Autonomie, indem es Wahl-Möglichkeiten gibt.

Die Wunderfrage Nehmen wir an, eines Nachts kommt eine Fee an Ihr Bett, um Ihnen Ihren sehnlichsten Wunsch zu erfüllen. Was werden Sie am nächsten Morgen als Erstes tun, wenn Sie in dieser neuen Welt aufwachen? Das, was Sie dann machen würden, ist genau das, was Sie ab jetzt jeden Morgen tun sollten – zumindest, wenn das machbar ist. Dann rückt Ihr Idealzustand auch ohne Fee ganz nah.

Partnerübung: Fünf Wünsche Überlegen Sie sich im Laufe von zwei Wochen fünf Dinge, die Sie sich von Ihrem Lieblingsmenschen wünschen. Schreiben Sie diese Wünsche konkret auf einen Zettel. Ihr Partner macht das Gleiche. Nach weiteren 14 Tagen tauschen Sie diese Wunschzettel aus, ohne darüber zu sprechen. Anschließend erfüllt jeder dem anderen mindestens einen dieser fünf Wünsche. Und auch darüber wird nicht gesprochen! Auf diese Weise erfüllen Sie einander ohne Druck und Stress mindestens einen Wunsch und erleben, wie schön es ist, wenn Wünsche einfach so in Erfüllung gehen.

DIE FÜNF SPRACHEN DER LIEBE

Wenn Ihre Muttersprache Deutsch ist, die Ihres Partners oder Ihrer Partnerin aber Englisch, kommt es bei Gesprächen sicher hin und wieder zu Missverständnissen. Doch auch wenn Sie beide dieselbe Landessprache sprechen, kommunizieren Sie in der Liebe vielleicht auf ganz unterschiedliche Arten.

Der amerikanische Paar- und Beziehungsberater Gary Chapman beschreibt dieses Phänomen mit seinem Konzept der verschiedenen Beziehungssprachen. Demnach gibt es fünf verschiedene Ausdrucksformen der Liebe. Finden Sie heraus, welche Sprache Sie am besten sprechen und welche Sie weniger gut verstehen.

Lob

Erkennungszeichen:
Sie sagen Sätze wie: „Es ist schön, dass du da bist!"

Du bist super! Wenn Ihnen diese Beziehungssprache in die Wiege gelegt wurde, loben Sie gerne und bringen ohne Anstrengung zum Ausdruck, dass Tolles geleistet wurde. Sie zeigen Ihre Verbundenheit, indem Sie Lob und Anerkennung aussprechen, ehrliche Komplimente machen oder persönlichen Dank ausdrücken.

Mögliches Problem:
Oft fällt den Menschen, die diese Sprache sprechen, das selbst gar nicht auf, aber auf andere kann häufiges Lob aufgesetzt und unglaubhaft wirken. Das soll Sie aber nicht davon abhalten, sich auszudrücken!

Zweisamkeit

Erkennungszeichen:
Sie ritualisieren gerne Dinge wie ein gemeinsames Frühstück am Morgen.

Nur wir zwei! Sie drücken Ihre Zuneigung dadurch aus, dass Sie für Zeiten exklusiver Zweisamkeit sorgen: ein gemeinsames Abendessen, ein Sonntag ganz ohne Störung oder ein spontaner Kurzurlaub. Der Begriff „Quality Time" bringt diese Sprache auf den Punkt. Echte Zeit zu zweit ist Ihnen extrem wichtig.

Mögliches Problem:
Sie reagieren gereizt, wenn Ihr Partner oder Ihre Partnerin nicht ausreichend Zeit und Raum für Sie einräumt. Auch der Familienalltag kann die Abgrenzung zu zweit erschweren.

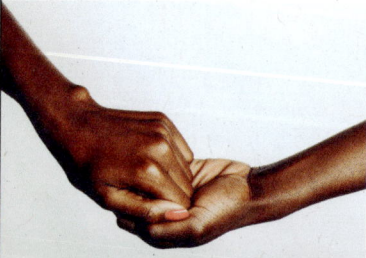

Geschenke

Erkennungszeichen:
Sie kommen aus dem Urlaub nie ohne Mitbringsel für Ihre Liebsten zurück.

Für dich! Ihnen geht es nicht um XXL-Geschenke, sondern um kleine Gesten. Sie zeigen den Menschen, die Ihnen wichtig sind, durch kleine Aufmerksamkeiten Ihre Liebe. Am liebsten erfüllen Sie mit Ihren Geschenken unausgesprochene Wünsche und machen sich bei der Auswahl viele Gedanken um die beschenkte Person.

Mögliches Problem:
Auf Ihr Gegenüber können Ihre Aufmerksamkeiten Druck ausüben, weil Sie dieselbe Kreativität – zumindest insgeheim – auch von ihm erwarten.

Hilfsbereitschaft

Erkennungszeichen:
Sie wissen es sehr zu schätzen, wenn Ihnen jemand die schweren Einkaufstüten trägt oder etwas repariert.

Ich bin an deiner Seite! In der Liebe gilt für Sie der Grundsatz der uneingeschränkten Hilfsbereitschaft. Sie tun gerne etwas für Ihren Partner oder Ihre Partnerin und können sich zurückgewiesen fühlen, wenn Ihre Hilfe nicht angenommen wird. Zu helfen ist für Sie eine Selbstverständlichkeit und tatsächlich auch ein Liebesdienst.

Mögliches Problem:
Andere können mit Ihrer Unterstützung Schwierigkeiten haben, weil sie denken, dass eine Gegenleistung erwartet wird.

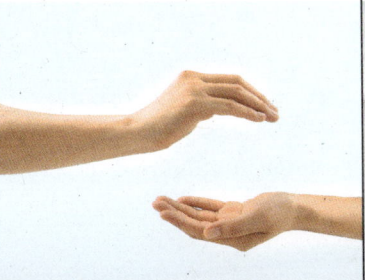

Zärtlichkeit

Erkennungszeichen:
Bevor Sie sich abends über den Tag austauschen, möchten Sie in den Arm genommen und geküsst werden.

Gib mir deine Hand! Liebevolle Berührungen sind für Sie das A und O. Umarmungen, Streicheleinheiten oder Sex geben Ihnen ein starkes Gefühl der Verbundenheit. Über Berührungen fühlen Sie die Qualität der Beziehung. Für Sie zählt körperliche Zuneigung mehr als gesprochene Worte.

Mögliches Problem:
In Stresssituationen oder bei längerer räumlicher Trennung leidet/fehlt oft die Zärtlichkeit. Das kann bei Ihnen den Eindruck erwecken, dass die Liebe abhandengekommen ist.

Mehr als Worte
Verbundenheit lässt sich selten durch Worte allein herstellen. Finden Sie heraus, was Sie brauchen, um sich gesehen und geliebt zu fühlen.

EINE GEMEINSAME SPRACHE FINDEN

Liebe ist zu einem großen Teil Kommunikation und muss deshalb wie eine Sprache gelernt werden. Wenn Paare sich darüber austauschen, welche Bedeutung die verschiedenen Ausdrucksformen der Liebe für sie haben, können sie eine gemeinsame Sprache entwickeln. Es geht darum, Codes verstehen zu lernen, ein bestimmtes Vokabular zu üben – oder ein gemeinsames zu finden – und das Gelernte in den entsprechenden Situationen korrekt anzuwenden.

Nicht nur der Mund spricht, auch unser Körper gibt Zeichen von sich: Stimme, Gesten, Mimik – all das gilt es mit einzubeziehen, wenn Sie Ihr Gegenüber verstehen und sich erfolgreich mitteilen möchten.

Denn manchmal sagen wir formal das Richtige, aber der Ton macht eine andere Musik und das kann für Verwirrung sorgen.

Missverständnisse einkalkulieren: Sie zahlen beim Date immer die Rechnung, weil Sie das als Zeichen der Wertschätzung so gelernt haben? Schön und gut. Aber gehen Sie nicht davon aus, dass Ihr Date das genauso bewertet. Vielleicht findet sie oder er diese Geste antiquiert oder sogar übergriffig. Denn Ihr Gegenüber ist mitunter ganz anders sozialisiert als Sie und fühlt sich eventuell mehr gesehen, wenn Sie die Rechnung splitten oder sich mit der Bezahlung abwechseln.

1 Typ erkennen
Finden Sie heraus, welche Sprache der Liebe Sie vornehmlich sprechen – das können auch Mischformen sein. Wenn Sie mit der Beschreibung der fünf Sprachen der Liebe (siehe S. 92) allein nicht weiter kommen, kann auch ein Test im Internet für eine erste Einordnung hilfreich sein. Bitten Sie auch Ihren Partner oder Ihre Partnerin, sich diese Frage zu stellen.

2 Neugier entfachen
Versuchen Sie dem anderen mit Interesse zu begegnen, anstatt sich darüber zu ärgern, dass Sie einander gerade nicht verstehen. Entdecken Sie die Gemeinsamkeiten, aber auch die Unterschiede, ohne sie zu bewerten.

3 Sich austauschen
Fragen Sie sich gegenseitig: „Wenn ich das so und so machen würde, würdest du dich dann gesehen und geliebt fühlen?" Hier sind die Konjunktive „hätte, würde, könnte" nicht nur erlaubt, sondern hilfreich. Allmählich können Sie dann Ihre ganz eigene gemeinsame Sprache der Liebe finden.

Schnell ordern!

Eine schnelle **BEFRIEDIGUNG** der Bedürfnisse schafft zwar Entspannung, aber die ist leider nicht nachhaltig.

Dopamin fördert den inneren Antrieb. Leider aber auch den, **IMMER MEHR** Belohnung zu wollen: immer mehr Klamotten, immer mehr Eis oder mehr Likes auf Social Media.

NACH JEDEM KAUF wird Dopamin, das sogenannte Glückshormon, ausgeschüttet und das Belohnungssystem im Gehirn aktiviert. Bei Online-Käufen sogar doppelt: einmal beim Bestellen und noch einmal beim Erhalt der Ware. Was daran schlecht sein soll? Der Effekt nutzt sich ab: Je häufiger es passiert, desto geringer die Dopaminausschüttung. In der Folge braucht es immer stärkere Reize, damit sich das gleiche Glücksgefühl einstellt. Nach einigen schnellen K(l)icks kann das zu Reizüberflutung und finanziellem Stress führen.

Langsam ordnen!

Ordnung im Außen schafft **ORDNUNG IM INNERN.** Klare Gedanken als Ergebnis von ordentlich gefalteten T-Shirts!

Doppelter Effekt: Wer den Kleiderschrank schön **AUFRÄUMT,** findet jedes Teil, ohne suchen zu müssen – und sorgt so schon am frühen Morgen für Stressfreiheit.

DAS BELOHNUNGSZENTRUM wird auch aktiviert, wenn wir eine Aufgabe erfolgreich meistern, und sei es das Aufräumen des Kleiderschranks. Es hat eine geradezu therapeutische Wirkung, mit Geduld und Ruhe auf ein sichtbares Ergebnis hinzuarbeiten. Weil das länger dauert als ein Klick, nutzt sich dieser Effekt auch weniger schnell ab. Hinzu kommt, dass wir uns beim Aufräumen mit dem beschäftigen, was wir schon haben, und nicht mit dem, was wir noch wollen. Und zu guter Letzt kommen wir beim Aufräumen in Bewegung.

SCHLUSS MIT KONSUMRAUSCH

Ständig neue Sachen zu kaufen, ist ein wahrer Energie- und Zeitfresser: das Vergleichen von Angeboten, das An- und Ausprobieren, Entscheidungen treffen, Umtauschen oder Retournieren … Und das Gemeine: Je mehr Sie kaufen, desto anfälliger werden Sie für Kaufimpulse (siehe S. 96). Es ist dann fast so, als würden Sie gar nicht mehr selbst entscheiden, sondern von einem Kick zum nächsten getrieben werden. Und sich selbst hinterherzujagen stresst! Ebenso wie das schlechte Gewissen, unnötig Geld ausgegeben zu haben. Dem ersten Hochgefühl folgt dann oft die Selbstabwertung, sich nicht besser gegen das drängende Verlangen zur Wehr gesetzt zu haben. Machen Sie es beim nächsten Mal anders!

Aus Alt wird Neu

Wieso und wozu?

Reparieren statt neu zu kaufen ist in zweifacher Hinsicht eine gute Idee. Zum einen wertschätzen Sie Ihre damalige Kaufentscheidung und die Zeit, die Sie mit dem guten Stück verbracht haben. Zum anderen schonen Sie Ressourcen und freuen sich vielleicht darüber, Ihrem persönlichen Anspruch an Nachhaltigkeit gerecht zu werden. Schlechtes Gewissen adé!

Extra-Tipp: In vielen Städten gibt es mittlerweile sogenannte Repaircafés. Dort treffen sich Menschen, um allein oder gemeinsam kaputte Dinge zu reparieren. Finden Sie eines in Ihrer Nähe: https://www.repaircafe.org

Erlebnisse statt Güter

Wieso und wozu?

Konsumieren macht glücklich – allerdings nur kurzfristig. Oder haben Sie schon einmal Monate später davon berichtet, wie erinnerungswürdig der Kauf Ihrer neuen Schuhe war? Eben! Erlebnisse hingegen können noch Jahre später glücklich machen, dann nämlich, wenn man sich an sie zurückerinnert. Wenn Sie in Ihr Glück investieren wollen, geben Sie Ihr Geld also lieber für Theaterkarten, gemeinsame Restaurantbesuche und Reisen aus als für eine teure Handtasche.

Extra-Tipp: Wünschen Sie sich zum Geburtstag doch mal ein gemeinsames Abenteuer anstelle von etwas Materiellem.

Verlockungen vermeiden

Wieso und wozu?
Werden Sie (online) weniger zum Kauf angeregt, kaufen Sie weniger – ganz ohne das Gefühl, auf etwas verzichten zu müssen. Wie das geht? Bestellen Sie Newsletter, die regelmäßig neue Produkte vorstellen oder „Deals" anbieten, ab. Klicken Sie nicht auf Werbung und entfolgen Sie Influencern, von denen Sie wissen, dass Sie Ihren Konsum anregen. Und erkennen Sie geschickte Werbetricks! „Nur noch zwei auf Lager" ist keine freundliche Information, sondern soll Ihre Angst schüren, etwas zu verpassen.

Extra-Tipp: Machen Sie sich eine Wunschliste und kaufen Sie nur, was auch draufsteht.

Inventur

Wieso und wozu?
Schauen Sie sich an, was Sie sich im letzten Jahr oder in den letzten Monaten gekauft haben – am besten in Kategorien, zum Beispiel Kleidung, dann Sachen für die Wohnung etc. Welche Anschaffungen haben sich gelohnt, was waren Fehlkäufe und worauf könnten Sie im Nachhinein verzichten? Versuchen Sie, Muster zu erkennen und herauszufinden, was die lohnenswerten Anschaffungen gemeinsam haben, z. B. gemütlich und einfach zu waschen, und was die Fehlkäufe auszeichnet (z. B. „aufwendig zu bügeln").

Extra-Tipp: Schreiben Sie auf, worauf Sie bei zukünftigen Käufen achten möchten.

Ausgabenlisten

Wieso und wozu?
Überprüfen Sie, ob Ihre Ausgaben zu Ihren persönlichen Werten passen. Machen Sie dazu eine Liste und halten Sie für mindestens einen Monat fest, wofür Sie wie viel Geld ausgeben. Wählen Sie Rubriken wie Kosmetik, Kleidung, Reisen, Möbel, Ausflüge etc. Sind Sie erschrocken, wie viel Geld Sie für etwas ausgeben, das Ihnen gar nicht so wichtig ist? Kommt etwas anderes vielleicht zu kurz? Zeit, das zu ändern!

Extra-Tipp: Machen Sie es wie früher als Kind. Überlegen Sie, worauf Sie verzichten können, und sparen Sie dann bewusst auf etwas, das Ihnen wirklich wichtig ist.

Große Gaben?

Je teurer ein GESCHENK, desto größer die Freude? Weit gefehlt!

SPIELVERDERBER: Hochgenuss vom Feinsten ist gerne in Gesellschaft von Zweifeln, Befürchtungen, Druck und dem Wiederholungswahn.

XXL: Großformatige Geschenke rufen zwar oft jede Menge Erstaunen hervor, sind aber nicht selten mit innerem Stress verbunden. Kritische Fragen wie „Habe ich das verdient? Darf ich mir das gönnen? Darf ich das annehmen?" schleichen sich oft durchs Hintertürchen in den Spaßmoment ein. Oder es machen sich Befürchtungen wie „Muss ich etwas zurückgeben? Will da jemand was von mir?" breit. Haben Sie das im Blick, wenn Sie die Spendierhosen anziehen! Dann überfordern Sie Ihr Gegenüber nicht und beide bleiben entspannt!

Kleine Freuden!

Alte Schule: Gerade die kleinen **GESTEN** der Freundlichkeit sind es, die für Freude und Glück sorgen, und dafür, dass wir uns wohl-fühlen.

Kleine Mitbringsel, wenn man eingeladen ist, oder ein Kärtchen aus dem Urlaub sind Zeichen der **VERBUNDENHEIT** und Anlass zu großer Freude.

XXS: Kleine Gesten der Freundlichkeit und Wertschätzung können entspannt empfangen werden und bereichern auf beiden Seiten den Alltag. Wir können diese Aufmerksamkeiten leicht annehmen und fühlen uns nicht in Be-drängnis, etwas zurückgeben zu müssen.

Im Gegenteil: Wir fühlen uns geschätzt für das, was wir sind. Denn hinter einer kleinen Freude steckt oft ein großer Gedanke – die Schenkende will nicht zeigen, was sie hat oder kann, sondern möchte dem Beschenkten verdeutlichen, wie sie ihn sieht.

Gesund?

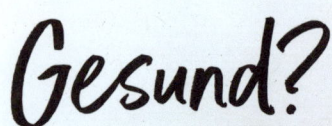

> Viele Ernährungsformen, die allgemein als gesund gelten, sind auf den zweiten Blick gar nicht mehr so **VERTRÄGLICH.**

> Wer sich eine **STRIKTE DIÄT** auferlegt, fühlt sich schnell als Versager, wenn ein „verbotenes" Lebensmittel auf den Teller gerät.

GRÜNE SMOOTHIES! Bloß keine Kuhmilch! Paleo! Regelmäßig werden neue Ernährungstrends ausgerufen, die angeblich das einzig Wahre sind. Unabhängig davon, ob es sich um sinnvolle Formen der Ernährung handelt oder nicht, erzeugt die Informationsflut und die ständige Beschäftigung mit dem Thema jede Menge Stress. Der Gedanke, dass es böse und gute Lebensmittel gibt und die Ernährung nur ein weiterer Bereich ist, der perfektioniert werden muss, steht wohltuendem Genuss und einem entspannten Geist entgegen.

Gut für mich!

> Versuchen Sie, ein **GEFÜHL** dafür zu entwickeln, wann Sie hungrig sind und wann Sie nur Appetit oder Durst haben, und vor allem, wann Sie satt sind.

> Wer gestresst ist, schlingt oft. Nehmen Sie vor dem Essen drei tiefe **ATEMZÜGE** und schon können Sie entspannter genießen.

ESSEN SIE, WAS IHNEN GUTTUT und schmeckt. Folgen Sie Ihrem Bauchgefühl und gesunden Menschenverstand! Und vor allem: Machen Sie sich bewusst, dass Sie sich nicht ständig perfekt ernähren müssen, um gesund zu bleiben. Sie werden nicht plötzlich von einem Stück Schokolade oder einer fettigen Pizza einen Nährstoffmangel oder eine Krankheit entwickeln. Vielmehr kommt es darauf an, was Sie grundsätzlich essen. Und wenn Sie Ihre Lebensmittel mit Genuss und Respekt für Ihren Körper auswählen, wird das nicht verkehrt sein.

Entspannt essen

SIND SIE OFT ÜBERRASCHT VON IHREM HUNGER und geraten dann von null auf hundert in Stress? Das muss nicht sein!

Vorkochen

Kochen Sie an einem Wochentag Ihrer Wahl, was das Zeug hält. Vieles lässt sich problemlos einwecken oder drei Tage im Kühlschrank aufbewahren. Das spart nicht nur den täglichen Abwasch!

Vorrat

Legen Sie sich einen auf Ihren Geschmack angepassten Vorrat an, z. B. aus Nudeln, Dosentomaten und Feta. So können Sie auch sonntags, wenn Sie nichts Frisches im Haus haben, ein leckeres Essen zaubern.

Keine Verbote

Sie müssen auf nichts kategorisch verzichten, um sich ausgewogen zu ernähren. Es kann aber sinnvoll sein, sich z. B. Süßes bewusst am Wochenende zu gönnen, anstatt andauernd und zwischendurch.

Notfall-Snack

Sie werden bei Hunger schnell nervös oder kriegen Kopfschmerzen? Dann haben Sie immer einen kleinen Snack dabei, zum Beispiel eine Packung Nüsse.

Essensplan

Jeden Tag aufs Neue darüber nachzudenken, was Sie kochen könnten, ist anstrengend. Machen Sie sich einen Essensplan, den Sie nach Belieben wiederholen können.

Einfrieren

Suppen, Quiche und Reisgerichte lassen sich ganz einfach portionsweise einfrieren und sind im Handumdrehen aufgewärmt.

STRESSESSEN!? Wenn Sie gestresst sind, verlangt Ihr Körper nach kalorienreicher Nahrung: Schokolade, Cookies, ein Stück Kuchen vom Bäcker. Nur leider sind Zuckerbomben zur dauerhaften Stressbewältigung eher ungeeignet. Der Blutzuckerspiegel sinkt ebenso schnell, wie er durch sie angestiegen ist. Die Folge: noch mehr Hunger und Nervosität.

Manchmal ist es auch der Hunger selbst, der Stress erzeugt: Was kann ich jetzt bloß essen? Ich habe keine Zeit zum Kochen! Schon wieder Fertigpizza?! Zum Glück können Sie diesen Attacken im Vorfeld etwas entgegensetzen, indem Sie Ihr Essen planen. Auch wenn das zunächst umständlich erscheint, kann sich daraus schnell eine gewinnbringende Routine ergeben.

EXTRA-TIPP: Kochen Sie nur, was Ihnen schmeckt! Investieren Sie die Zeit, wahre Lieblingsgerichte zu finden, dann lohnt sich die Planung nämlich gleich doppelt.

Eines ist sicher: Uns selbst werden
wir für die Dauer unseres Lebens nicht los.
Umso besser also, wenn man sich gut leiden
kann. Und obwohl das so einleuchtend ist, fällt
genau das manchen Menschen extrem schwer.
Wir zeigen Ihnen, wie Sie lernen, sich selbst ein
liebevoller Freund zu sein, mit Niederlagen
gescheit umzugehen und Ihre Tatkraft
sinnvoll einzusetzen.

„Ja"
zu sich sagen

SICH SELBST MÖGEN

Unser Selbstwertgefühl ergibt sich aus der Bewertung unserer selbst beziehungsweise des Bildes, das wir von uns haben. Bei fast allen Dingen, die wir beruflich oder privat erreichen möchten, liegt der Schlüssel in einem gesunden Selbstwertgefühl. Es ist entscheidend dafür, ob wir uns Dinge zutrauen oder eher nicht. Ob uns die Durchführung mancher Aufgaben überfordert und stresst oder ob wir Herausforderungen gelassen annehmen können.

50 Euro bleiben 50 Euro

Sie haben es sicher schon oft gehört: Der Wert eines Menschen ist unantastbar. Hatten Sie bisher Probleme, diese Aussage in Bezug auf sich selbst richtig zu verinnerlichen? Dann hilft vielleicht folgende Geschichte: Eine Professorin hält in einer Vorlesung einen 50-Euro-Schein hoch und fragt, wer ihn haben möchte. Alle Hände gehen hoch. Dann zerknüllt sie den Schein, trampelt mit ihren Schuhen darauf herum, hält anschließend den verdreckten Schein in die Höhe und fragt erneut. Wieder gehen alle Hände hoch. Die Moral? Ebenso wie dieser Geldschein behält jeder Mensch denselben Wert, egal, was in seinem Leben passiert und unabhängig von seinem Aussehen oder seiner Leistung. Das Einzige,

was veränderbar ist, ist das Selbstwertgefühl, nicht aber der Wert eines Menschen.

Was hat das mit Stress zu tun?

Wenn Sie merken, dass Dinge, die Sie sich vorgenommen haben, auch tatsächlich funktionieren, entsteht das Gefühl von Selbstwirksamkeit. Sie trauen sich zu, Dinge anzugehen und Gelegenheiten beim Schopfe zu packen, und bekommen keine Panik, nur weil eine neue Herausforderung auf Sie wartet. Das gilt für Kinder, Jugendliche, Erwachsene und Senioren übrigens gleichermaßen. Stress entsteht dann, wenn unser Gehirn eine Aufgabe oder eine Situation als stressig bewertet (siehe S. 10), folglich werden vermehrt Stresshormone ausgeschüttet. Wenn Sie sich aufgrund eines gesunden Selbstwertgefühls in der Lage sehen, die Situation, die auf Sie zukommt oder in der sie sich befinden, zu meistern, haben Sie schon die besten Voraussetzungen, um gelassen und ruhig zu bleiben.

Selbstwertgefühl stärken: So geht's

Teilen Sie große Aufgaben in kleine Etappen, deren Ziele Sie realistisch erreichen können – eventuell braucht es etwas Übung, bis Sie sich selbst gut einschätzen können. Mit jedem Erfolg wird Ihr Selbstvertrauen wachsen und Ihr Selbstwertgefühl gestärkt. Das gilt für die Karriereplanung ebenso wie für das Bewältigen von Aufgaben im Haushalt oder das Erreichen ganz persönlicher Ziele. Sinn ist, dass Sie sich am Ende des Tages gut mit sich fühlen!

Danke für das Kompliment!

Viele von uns sind leider sehr gut darin, sich abzuwerten und so das eigene Selbstwertgefühl zu schwächen. Zu den größten Feinden des Selbstwertgefühls gehört es, wenn wir Komplimente als Schmeicheleien abtun. Dann fehlen uns nämlich die positiven Effekte der Bestätigung durch andere.

TIPP: Versuchen Sie, ein Kompliment als solches anzunehmen und mit einem „Danke" und vielleicht sogar einem Lächeln zu reagieren.

Schluss mit den Vergleichen!

Eine andere Technik der Selbstabwertung besteht darin, sich mit Menschen zu vergleichen, die in bestimmten Bereichen deutlich besser sind als wir. Social Media macht das besonders einfach. Gerne blenden wir dabei unsere sonstigen Fähigkeiten komplett aus und fühlen uns dann garantiert wie der letzte Loser. Ein Teufelskreis! Denn wenn Sie nicht von sich selbst überzeugt sind, wird es Ihnen schwerer fallen, Ihre Ziele zu erreichen. Das wiederum wird Sie nicht bei einer gutmütigen Haltung sich selbst gegenüber unterstützen. Wie Sie dieses Muster durchbrechen, lernen Sie auf den folgenden Seiten

ÜBUNG: Fake it until you make it!

Lange schon ist bekannt, dass die Art, wie wir denken und fühlen, Auswirkungen auf unseren Körper und dessen Gesundheit hat. Doch wussten Sie, dass das Gleiche auch umgekehrt gilt? „Embodiment", ein Ansatz aus der neueren Kognitionswissenschaft, geht davon aus, dass beispielsweise unsere Körperhaltung Auswirkungen auf unser Denken und Fühlen hat. Demzufolge kann eine gestärkte Körperhaltung ein gesundes Selbstwertgefühl unterstützen. Probieren Sie es aus!

Schritt 1: Stellen Sie sich vor den Spiegel. Lassen Sie die Schultern hängen, sacken Sie etwas in sich zusammen und werden Sie ein wenig schlaff in den Armen. Wie fühlen Sie sich dabei?

Schritt 2: Richten Sie sich nun auf, schieben Sie den Brustkorb sanft nach vorn, aktivieren Sie die Armmuskulatur und tragen Sie Ihren Kopf mit dem Kinn parallel zum Boden. Wie fühlen Sie sich jetzt?

Schritt 3: Nutzen Sie Ihre Erkenntnisse! Wenn Sie sich klein fühlen, machen Sie Ihren Körper groß und stark. Frei nach dem Motto: Spiel die Rolle so lange, bis sie zu deiner zweiten Haut geworden ist.

Be your Lover?

SELBSTLIEBE IST ETWAS GUTES. Doch allzu oft wird das Konzept mit blindem Egoismus verwechselt. Aus „Ich bin wichtig!" wird dann schnell „Ich bin wichtiger!" Das führt zwar zu einer höheren Wahrnehmung der eigenen Bedürfnisse, aber auch dazu, dass Sie andere komplett aus den Augen verlieren. Und bei Menschen mit geringem Selbstwertgefühl kann das Postulat der Selbstliebe die Stimme des eigenen Kritikers sogar noch verstärken. Es ist eine weitere Aufgabe, an der sie scheitern. Nach dem Motto: Jetzt schaffe ich nicht einmal das!

Be your Friend!

Kristin Neff, Professorin für Psychologie und Persönlichkeitsentwicklung, hat das buddhistische Konzept des **SELBSTMITGEFÜHLS** erforscht. Mehr von ihrer Arbeit auf self-compassion.org/

Wenn Sie sich mit **WOHLWOLLEN** und Freundlichkeit begegnen, ist eine Selbstliebe, die nicht nur Sie selbst, sondern alle Menschen einschließt, gar nicht mehr weit.

SICH SELBST MIT MITGEFÜHL zu begegnen und freundlich mit sich zu sein, fällt vielen schwer. Stattdessen sind wir darin geübt, uns für verschiedene Unzulänglichkeiten abzuwerten. Das führt zu Frustration und Stress. Schluss damit! Die Erkenntnis, dass kein Mensch perfekt sein kann und das Leben unweigerlich Schwierigkeiten mit sich bringt, ist ein erster Schritt. Versuchen Sie doch mal, mit sich selbst umzugehen wie Sie normalerweise mit einem engen Freund umgehen. Fühlen Sie den Unterschied – Sie haben es verdient!

Wohltuende Berührung
Sich selbst in den Arm zu nehmen, eine Hand aufs Herz zu legen oder sich selbst zu massieren, kann ebenfalls das Selbstmitgefühl stärken.

SPRECHEN SIE SICH GUT ZU

Das ständige Streben, in allen Bereichen überdurchschnittlich gut sein zu wollen, gekoppelt mit Selbstabwertung bei Misserfolg, ist die Wurzel vielen seelischen Unglücks. Selbstmitgefühl hilft, eine freundlichere Haltung zu den eigenen Schwächen einzunehmen und mit den Tragödien des Lebens besser zurechtzukommen. Das stärkt die psychische Gesundheit und fördert auch Ihre Beziehungen zu anderen Menschen.

Nettsein will gelernt sein
Selbstmitgefühl ist viel mehr als ein Modewort, sondern es ist eine innere Haltung, die man trainieren kann und durch die nachweislich Stress, Sorgen und Ängste reduziert werden. Eine Reihe bewährter Übungen hilft dabei, das eigene Mindset zu verändern und dauerhaft zufriedener (mit sich) zu sein. Beginnen Sie damit, die innere Kritikerin zu besänftigen:

1 **Selbstgespräche führen**
Unterhalten Sie sich laut mit sich selbst. Der Hintergrund: Im Trubel der Alltagsgedanken bemerken wir meist nicht, wie streng, kalt und wütend unsere Stimme manchmal klingt, wenn wir mit uns selbst sprechen – wie z. B. nach einem Netflix-Abend, wenn Sie sich sagen hören: „Schon wieder nichts Vernünftiges gemacht. Du widerst mich echt an."

2 **Kritikerin adressieren**
Aber aufgepasst: Die innere Stimme soll nicht beschimpft werden. Erwidern Sie der Kritikerin eher Folgendes: „Du hast sicher Gründe, dass du mich beurteilst. Aber mich macht das unglücklich. Bitte lass mir einen Augenblick, mich mit einem versöhnlichen Teil von mir zu unterhalten. Dann würde es mir besser gehen."

3 **Kritik umwandeln**
Nehmen Sie die abwertende Beobachtung und wandeln Sie diese in verständnisvollen Zuspruch um, etwa: „Du warst sicher müde von der Arbeit und wolltest dich mit einer Serie ausruhen und einfach mal abschalten! Du fühlst dich jetzt aber nicht gut damit. Vielleicht liest du noch etwas aus einem Buch, lüftest das Schlafzimmer und kuschelst dich ins Bett."

Wiederholen Machen Sie diese Übung für ein paar Wochen sooft Sie wollen, aber mindestens einmal täglich. Sie werden merken, wie sich Ihre Art, über sich selbst zu denken, zu verändern beginnt, und wie Ihnen das auf lange Sicht zu einer höheren Lebensqualität verhilft. Mehr (englischsprachige) Übungen finden Sie auf https://self-compassion.org/.

Dummer Fehler?

Fehler entstehen oft aus **MÜDIGKEIT ODER STRESS.** Diese Faktoren sind der Situation geschuldet und haben nichts mit der Qualifikation einer Person zu tun.

Etwas falsch zu machen, setzen viele mit Scheitern gleich. Deshalb werden Fehler schnell unter den Teppich gekehrt. Doch damit verschwindet auch die **CHANCE,** aus ihnen zu lernen.

BIN ICH DOOF! „Irren ist menschlich!" oder „Aus Fehlern kann man lernen" sind Redewendungen, die zwar jeder kennt, die aber oft nur dahergesagt werden und selten auch so gemeint sind. Sie kennen das vielleicht aus eigener Erfahrung: Sie machen einen Fehler und haben direkt das Gefühl, persönlich versagt oder Erwartungen enttäuscht zu haben. Vielleicht schämen Sie sich sogar und üben harsche Kritik – „Typisch Ich!" Diese Aussprüche von Selbstabwertung sorgen nur dafür, dass Sie sich ins Schneckenhaus zurückziehen.

Neue Chance!

KINTSUGI: In Japan wird gesprungene Keramik traditionell mit Gold- oder Silberpigmenten im Kleber repariert. So wie das Objekt dadurch an Schönheit gewinnt, können wir durch Fehler wertvolle Erfahrungen sammeln.

Je mehr man sich daran gewöhnt, **FEHLER ZU MACHEN,** desto kleiner wird die Angst vor den Fehlern, die man noch in der Zukunft machen könnte.

BIN ICH MUTIG! Fehler sind Zeichen von mutigen Versuchen. Nur wer nichts wagt, macht keine Fehler, aber bestimmt nicht alles richtig. Versuchen Sie, zu verinnerlichen, dass es total normal ist, dass Dinge schiefgehen und begegnen Sie sich selbst wie Ihrer besten Freundin. Würden Sie diese runterputzen oder ihr gut zusprechen? Seien Sie nachsichtig mit sich selbst und fokussieren Sie Ihre Energie auf den nächsten Versuch. Woran hat es gelegen? Haben Sie die nötigen Ressourcen? Was könnten Sie besser oder anders machen?

SCHEITERN – ABER RICHTIG!

Es wird sich nicht vermeiden lassen, dass Sie Fehler machen. Das ist so simpel wie wahr. Halten Sie sich diese Tatsache immer wieder vor Augen. Denn die Einsicht wird Ihnen helfen, mit unvermeidlichen Misserfolgen klug umzugehen und sich mit dem Scheitern anzufreunden. Der Druck hingegen, nichts falsch machen zu dürfen, erzeugt großen Stress. Besonders Menschen mit Anspruch an Perfektionismus und einem hohen Maß an Ehrgeiz sind von der Fehlerangst betroffen. Manche greifen beim dem Versuch, diese Versagensangst zu betäuben, zu Alkohol oder Drogen. Die Lösung ist nicht, Fehler zu vermeiden, sondern clever mit dem scheinbaren Versagen umzugehen und mit Selbstvertrauen nach vorne zu schauen, statt voller Selbstverachtung zurück. Probieren Sie es aus und nehmen Sie es wie James Joyce: „Fehler sind das Tor zu neuen Entdeckungen."

1. Fehler in einen Kontext setzen
Wenn etwas passiert, was Sie vermeiden wollten, oder wenn Sie nicht das erreicht haben, was Sie sich vorgenommen hatten, machen Sie sich Vorwürfe? Dann versuchen Sie einmal, die Fehler in einen konkreten Zeitzusammenhang einzuordnen. Nicht: „Ich bin so", sondern: „Heute habe ich das so gemacht." Und vielleicht noch: „Morgen kann ich dieses oder jenes anders machen." Diese hilfreiche Technik führt weg von abwertenden Verallgemeinerungen und lenkt den Blick zurück auf die eigenen Potenziale und Möglichkeiten.

2. Fehler unter die Lupe nehmen
Machen Sie eine Analyse: Wie und warum ist es zu dem Misserfolg gekommen? Was hat gefehlt, was hätte anders sein müssen? Vielleicht ist etwas Unvorhergesehenes passiert, das Sie in Zeitnot gebracht hat. Vielleicht war die Nacht davor schlaflos oder Sie hatten starke Kopfschmerzen. Vielleicht haben Sie sich auch nicht ausreichend vorbereitet oder Sie haben die Situation unterschätzt. Eines ist auf jeden Fall sicher: Fehler ist nicht gleich Fehler! Hinter jeder Niederlage verbirgt sich eine Geschichte. So unangenehm es sein mag, versuchen Sie die jeweiligen Gründe zu erforschen – desto eher wissen Sie, was Sie in Zukunft anders machen können.

3. Aufmuntern lassen
Natürlich dürfen Sie traurig sein, wenn Ihnen etwas nicht so gelungen ist, wie erhofft. Lassen Sie diese Enttäuschung zu – und wenn Sie mögen, sprechen Sie darü-

ber. So geben Sie Ihrem sozialen Netz die Möglichkeit, Ihnen aufmunternd beiseitezustehen. Doch auch wenn Ihnen nicht danach ist, über die Niederlage zu sprechen, ist Zeit mit Ihren Lieblingsmenschen zu verbringen, eine Wohltat für ein angeschlagenes Selbstwertgefühl. Menschen, die Sie schätzen, können Sie nämlich mit Worten oder einfach durch ihr Beieinandersein daran erinnern, dass Sie nicht wegen Ihrer Fehlerlosigkeit und Perfektion geliebt werden, sondern weil Sie so sind wie Sie sind. Und was, wenn gerade niemand in der Nähe oder erreichbar ist? Stellen Sie sich vor, ein guter Freund wäre bei Ihnen. Schon allein durch die Vorstellung kann das entspannende Beziehungshormon Oxytocin ausgeschüttet werden. Es geht Ihnen direkt besser – auch ohne den tatsächlichen persönlichen Kontakt.

4. Freundlich mit sich selbst sein

Mal ehrlich: Wie nett sind Sie zu sich selbst? Wenn man ein Megafon an Ihre Gedanken anschließen würde – würden Sie selbst in Ihrer Nähe sein wollen? Versuchen Sie ab jetzt, sich selbst freundlich zu kommentieren. Das stärkt Ihr Selbstwertgefühl und hilft, Anforderungen, die das Leben an Sie stellt, als erreichbarer wahrzunehmen.

ÜBUNG: Sei dein bester Freund

Stellen Sie sich eine gute Freundin vor, die sich zu Ihnen setzt und Ihnen erzählt, was sie gerade falsch gemacht hat. Was würden Sie ihr sagen, was würden Sie für sie tun, was würden Sie über sie denken? Sicher nicht: „War ja klar, dass das wieder passiert." Oder: „Die soll sich nicht so anstellen!" Im Gegenteil, Sie werden vermutlich Mitgefühl zeigen. Schenken Sie sich selbst die gleiche Nachsicht und Zuwendung, die Sie ihr in dieser Situation geben würden. Und wenn Sie merken, dass Sie wieder einmal gemeine Gedanken über sich haben, sagen Sie innerlich: „Stop! So redest du nicht über meine Freundin!" (siehe auch S. 111)

5. Fehlermachen will gelernt sein

Am Universitätsklinikum Bonn gibt es eine Lampenfieberambulanz. Dort können Profimusiker lernen, mit der Angst vor möglichen Fehlern während eines Auftritts umzugehen. Dazu wird das Versagen vor Publikum geübt und verliert mit der Zeit seinen Schrecken. Ganz ähnlich können Sie das auch machen, zum Beispiel mit einem Spieleabend. Wählen Sie Spiele aus, bei denen Sie etwas mimisch vortragen oder Dinge erraten müssen oder bei denen Wissen abgefragt wird. So bieten sich viele Gelegenheiten, Fehler zu machen und Missgeschicke zu erleiden. Durch das wohlwollende Umfeld – und weil in diesem Kontext Fehler sogar lustig sind – können Sie die lehrreiche Erfahrung machen, dass nichts Schlimmes passiert, wenn mal etwas in die Hose geht.

Ohne Makel?

Wenn die Psyche der Gesellschaft hinterherrennt: **„LOST IN PERFECTION"** nennt Professor Dr. Benigna Gerisch das Phänomen des Optimierungswahnsinns.

Das unermüdliche Streben nach Perfektion und **SELBSTOPTIMIERUNG** macht immer mehr Menschen krank.

SCHEINBAR PERFEKT: Wer glaubt, in allen Bereichen des Lebens 100 Prozent geben zu müssen, findet sich schnell in der Stressfalle wieder. Denn niemand kann das alles gleichzeitig: perfekt einrichten, immerzu sexy aussehen, großartig kochen … Und doch tendieren wir dazu – unterstützt von Social Media –, unsere Wohnung mit der eines Architekten zu vergleichen, unser Aussehen mit dem des Topmodels und unser Abendessen mit den Kreationen des Starkochs. Das ist unfair sich selbst gegenüber und alles andere als gesund.

Mit Charakter!

Die Fähigkeit, sich auf eine Sache zu konzentrieren statt in allen Bereichen gleichzeitig glänzen zu wollen, erhöht die Chance, **EXPERTIN** in etwas zu werden.

Fokussieren Sie sich auf Ihre Fähigkeiten und akzeptieren Sie, was Sie nicht können. Ganz nach dem **MOTTO:** Ein Metzger muss auch keine Brötchen backen.

DEFINITIV GENUG: Sich selbst und die eigenen Qualitäten zu kennen, und einschätzen zu können, was man besonders gut kann und was nicht, macht das Leben stressfreier. Geben Sie einfach Ihr Bestes statt anderen etwas beweisen zu wollen. Und wenn Sie denken, Sie hätten keine herausragenden Fähigkeiten, fragen Sie doch einmal Ihre Freunde. Vielleicht können Sie nicht grandios kochen, aber sind dafür umso witziger oder können prima trösten? Diese Talente können Sie zwar nicht groß zur Schau stellen, sie sind aber ungeheuer wertvoll.

So treffen Sie ins Schwarze!
Passen Sie Ihre Ziele einfach dem Istzustand an!

ZIEL ANPASSEN, NICHT DEN WEG

Sie werden sicher hin und wieder an einen Punkt kommen, an dem Sie feststellen müssen, dass all Ihre Bemühungen nicht genügen. Das Ziel bleibt einfach unerreichbar, Sie fühlen sich am Ende Ihrer Kräfte. Sie könnten an Ihren Erwartungen festhalten, sich immer weiter anstrengen und früher oder später ausbrennen. Oder aber Sie passen das Ziel Ihrem Leben an.

Keine Ausrede: Bei der hier vorgestellten Technik geht es nicht darum, sich und Ihre Ansprüche komplett aufzugeben. Es soll auch nicht als Ausrede dienen, in einer unangenehmen Situation zu verweilen, nur weil Sie Angst vor Veränderung haben. Vielmehr geht es darum, das Ziel zu hinterfragen, wenn es trotz größter Bemühungen nicht

näher rückt. Dann stimmt nämlich nicht mit Ihnen etwas nicht, sondern vermutlich mit Ihren Erwartungen. Vielleicht können Sie schon mit dem zufrieden sein, was ist? Wie das geht, veranschaulichen die folgenden Beispiele. Sie lassen sich wunderbar auch auf die Partnerschaft und andere Bereiche des Lebens übertragen. Probieren Sie es aus!

Ziel neu definieren: Sagen Sie sich statt „Was nicht ist, kann ja noch werden!" lieber „Was nicht wird, kann ja schon sein!" Folgendes Beispiel macht es anschaulich: Sie könnten hundertmal vergeblich versuchen, einen Pfeil in die Mitte einer Dartscheibe zu werfen und an der unlösbaren Aufgabe verzweifeln. Sie könnten aber auch – sagen wir nach 30 Versuchen – zuerst den Pfeil werfen, und wo immer er landet, eine Zielscheibe drum herummalen, sodass er exakt die Mitte markiert.

Das ist gemogelt? Im Sport schon, im Kopf ist alles erlaubt.

Blick erweitern: Sind Sie unzufrieden mit Ihrem Job, weil er nicht in der Branche ist, in der Sie gerne arbeiten würden? Vielleicht können Sie andere Dinge wertschätzen, beispielsweise den freundlichen Umgang miteinander oder die flexible Arbeitszeitgestaltung?

Methode verändern: Stellen Sie sich vor, die Heizung ist kaputt und Ihnen ist kalt. Sie haben alles in Ihrer Macht Stehende versucht, um sie wieder in Gang zu bringen. Ohne Erfolg. Sie ziehen sich Wollsocken an und machen sich eine Wärmflasche. Ihnen wird warm. Damit bleibt die Heizung zwar kaputt, aber das Scheitern Ihrer Reparaturversuche hat nun keinen großen Einfluss mehr auf Ihr gegenwärtiges Wohlbefinden.

Fünf Sterne?

Superior

★★★★★ Luxus
★★★★ First Class
★★★ Komfort
★★ Standard
★ Tourist

Viele unglückliche Ehen bestehen weiter, weil keiner der Partner auf das gemeinsame **GROSSE HAUS** und den errungenen Status verzichten will.

...telklassifizierung

KLAR, KOMFORT UND FINANZIELLE SICHERHEIT machen zufrieden. Doch wenn das Selbstwertgefühl einzig vom Kontostand und der Größe der Hotelsuite abhängt, läuft etwas verkehrt. Denn materielle Werte sind oft fragil wie ein Kartenhaus. Was heute noch reicht, ist morgen schon nicht mehr genug. Die Angst, Wohlstand oder Status zu verlieren, schwingt oft unterschwellig mit. Ganz schön stressig! Sammeln Sie statt teurer Statussymbole lieber wertvolle Erinnerungen – die kann Ihnen niemand nehmen und sie machen langfristig glücklicher.

Unter den Sternen!

Ein gutes Beispiel: Der Makedonenkönig Alexander der Große hätte dem alten Griechen **DIOGENES** jeden materiellen Wunsch erfüllt – doch der wollte nichts weiter, als dass Alexander ihm aus der Sonne treten möge.

WERTVOLLE ERINNERUNGEN: Glaubt man einer Untersuchung der San Francisco State University, sollten Sie Ihr Geld lieber in Erlebnisse als in materielle Güter investieren, das mache auf Dauer glücklicher. Das Beste daran: Ein richtig gutes Erlebnis muss nicht viel kosten! Wie wäre es zum Beispiel, wenn Sie mit Ihren Freunden einen Ausflug zum Sternegucken auf dem Land machen? Oder, wenn Campen nichts für Sie ist, mit einem Besuch im Planetarium? Die Erinnerung daran wird Ihnen vermutlich noch Jahre später ein Lächeln ins Gesicht zaubern.

FÜR EIN STARKES „WIR-GEFÜHL"

Das Bedürfnis nach Nähe, Wertschätzung und Zugehörigkeit ist ein menschliches Grundbedürfnis. Wird dieses nicht erfüllt, stellt es eine existenzielle Bedrohung dar und ist nicht auf die leichte Schulter zu nehmen.

Menschen, die sich einsam fühlen, erleben verstärkt Beeinträchtigungen ihrer physischen und mentalen Gesundheit. Deshalb ist es wichtig, stabile und sichere Beziehungen aufzubauen und zu pflegen.

Wir haben ein paar Ideen, wie Sie nicht nur zukünftige Freunde kennenlernen, sondern auch ein echtes Gefühl von Gemeinschaft erfahren können. Wagen Sie es, neue Menschen in Ihr Leben einzuladen – auch wenn Ihnen manchmal nicht danach ist.

Von Tür zu Tür

Darum geht's: Viele leben mit Dutzenden anderen unter einem Dach und kennen einander nicht. Schade eigentlich. Denn räumlich nahe Beziehungen helfen nicht nur gegen die Einsamkeit, sondern sind im Alltag auch verdammt praktisch.

So geht's: Grüßen Sie Ihre Nachbarn doch mal, wenn Sie sie auf der Straße oder im Hausflur sehen, oder vernetzen Sie sich sogar über eine WhatsApp-Gruppe. Auch auf dem Nachbarschaftsportal nebenan.de können Sie sich mit Leuten aus Ihrer Nähe austauschen, Werkzeug aus- oder verleihen, Ihre Dienste als Babysitter anbieten, Dinge verschenken und verkaufen sowie Veranstaltungen in Ihrer Gegend finden.

Ehrenamt

Darum geht's: Wenn Sie sich in Ihrer Freizeit sozial engagieren, werden Sie nicht nur neue Leute kennenlernen, sondern auch feststellen, dass Sie im Leben anderer etwas bewirken können und man Sie wertschätzt.

So geht's: Auf www.ehrenamt.bund.de/#ehrenamt werden nicht nur alle möglichen Fragen zum Thema beantwortet, sondern Sie werden auch auf das jeweilige Portal Ihrer Region weitergeleitet, das bei der Auswahl eines für Sie passenden Ehrenamts hilft.

Vorsicht! Mit Aufopferung ist niemandem geholfen! Seien Sie sich Ihrer eigenen begrenzten Kapazitäten bewusst.

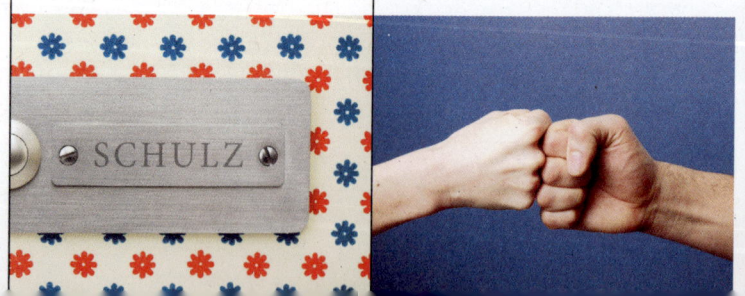

Vereine

Darum geht's: In Deutschland gibt es mehr als eine halbe Million Vereine. Sicher ist auch etwas Passendes für Sie dabei! Verfolgen Sie mit Gleichgesinnten ein gemeinsames Ziel und finden dabei neue Freunde.

So geht's: Überlegen Sie sich zunächst, was Sie interessiert: Ist es Sport, Musik oder eher Klima- und Naturschutz? Wenn Sie das wissen, können Sie gezielt nach einem Verein suchen. Schauen sich an, ob er Ihnen gefällt. Wenn Sie beitreten möchten, müssen Sie für gewöhnlich einen Aufnahmeantrag ausfüllen. Sobald dem stattgegeben wird, sind Sie offiziell Mitglied und können aktiv am Vereinsleben teilnehmen. Viel Spaß!

Kurse

Darum geht's: Darf's ein neues Hobby sein? Was wollten Sie immer schon einmal lernen oder inhaltlich vertiefen? Wenn Sie bei der Kurswahl Ihren Interessen folgen, finden Sie leicht Gleichgesinnte.

So geht's: Auf der Webseite der Volkshochschule (www.vhs.de) finden Sie eine Übersicht des dort angebotenen Programms. Auch auf www.airbnb.de/s/ experiences finden Sie Workshops, diese richten sich allerdings vornehmlich an Touristen. Je nach Interesse lohnt sich eine ganz individuelle Suche, z. B. wenn Sie Impro-Comedy ausprobieren, eine neue Sprache lernen oder Ihre eigene Teetasse töpfern möchten.

Selbsthilfegruppen

Darum geht's: Fällt es Ihnen aufgrund eines Schicksalsschlags oder einer Erkrankung schwer, sich neuen Leuten zu öffnen? Dann ermöglicht eine Selbsthilfegruppe den Austausch mit anderen Betroffenen.

So geht's: Auf www.nakos. de (Nationale Kontakt- und Informationsstelle zur Anregung und Unterstützung von Selbsthilfegruppen) können Sie entsprechende Anlaufstellen und Adressen in Ihrer Region finden. Übrigens: Ein Selbsthilfegruppentreffen muss nicht heißen, dass Sie in einem Stuhlkreis von Ihren Problemen berichten und „nur reden". Es gibt z. B. auch Gruppen für Menschen mit Depressionen, die gemeinsam laufen gehen.

In den meisten glücklichen Beziehungen –
egal, ob in der Liebe, unter Freunden oder
zwischen Familienmitgliedern – halten sich
zwei Dinge die Waage: der Wunsch nach Freiheit
und der nach Verbindung. Je besser Sie beiden
Grundbedürfnissen gerecht werden, desto
angenehmer und erfüllender werden Ihre
Beziehungen sein. Wie das geht, lernen
Sie auf den kommenden Seiten.

Die Kunst des Gebens und Nehmens

GUTE BEZIEHUNGEN FÜHREN

Menschen sind soziale Wesen und auf Beziehungen zu anderen angewiesen. Ohne den Kontakt zu anderen Menschen können wir nicht überleben und ohne Zuwendung werden wir krank. Teil eines Beziehungsgefüges zu sein, ist darüber hinaus für die Identitätsfindung wichtig. Es klärt Fragen wie „Wer bin ich?" oder „Wo gehöre ich hin?" Auch deshalb sind wir bemüht, Beziehungen zu pflegen. Viele haben die Vorstellung, dass wir intuitiv wissen müssen, wie das geht – eine gesunde Beziehung mit einem anderen Menschen aufbauen. Manche hatten tatsächlich das Glück, es sich von guten Vorbildern schon in Kindheitstagen abgeschaut zu haben. Die allermeisten können jedoch das ein oder andere noch dazulernen.

Das Stresspotenzial

Ob in Partnerschaften, Freundschaften, im Kollegium oder in der Familie – Sie treten mit anderen Menschen unweigerlich in Beziehung. Und unabhängig davon, ob es sich um eine romantische Liebschaft oder um ein zweckmäßiges Arbeitsverhältnis handelt, werden Sie bei genauerem Hinsehen vermutlich ähnliche Stressmuster in der Beziehungsgestaltung finden. Als Grundregel gilt: Je enger und vertrauter die Beziehung,

desto größer das Stresspotenzial. Denn je wichtiger Ihnen die Beziehung ist, desto intensiver fällt die Stressreaktion aus, wenn etwas nicht wie gewünscht abläuft. Nicht nur weil Sie fürchten, dass die Beziehung sich dem Ende zuneigen könnte, sondern auch, weil wir gerade die Personen, die wir sehr lieben oder schätzen, nicht verletzen wollen.

Stressmuster in Beziehungen

Auf den folgenden Seiten lesen Sie, was gesunde Beziehungen ausmacht, wann genug genug ist und was Liebesbeziehungen brauchen, um nicht einzuschlafen. Doch zunächst betrachten wir die unterschiedlichen Stressmuster, die in Beziehungen wirken, und was Sie Ihnen entgegensetzen können.

NR. 1: Geringes Selbstwertgefühl

Eine Beziehung ist wie ein Spiegel, in dem wir uns selbst erkennen. Wir können nicht mit anderen Menschen in Beziehung treten, ohne uns mit uns selbst zu beschäftigen. Deshalb ist es nicht überraschend, wenn im Beziehungskontext Zweifel aufkommen, ob wir klug oder witzig genug sind oder – meist in romantischen Partnerschaften – ob wir als solches genug sind. Häufig steckt hinter dieser Unsicherheit ein geringes

Selbstwertgefühl. Die innere Kritikerin hat dank negativer Glaubenssätze Oberwasser bekommen. Viele Menschen denken außerdem, sie könnten nur dann geliebt werden, wenn sie etwas Tolles leisten oder einem bestimmten Bild entsprechen, und unternehmen alles, um in ihren Augen liebenswürdiger zu sein: von der Schönheits-OP bis zur Teilnahme am Stadtmarathon.

TIPP: Bändigen Sie Ihre innere Kritikerin mit der Übung von S. 109 und machen Sie sich immer wieder bewusst, dass Sie ein wertvoller und besonderer Mensch sind, der Zuneigung und Liebe verdient.

NR. 2: Verlustangst

Grenzen zu setzen, ist für jede Form von Beziehung elementar. Doch vielen fällt genau das schwer. Unter anderem aus Sorge, dadurch die geliebte Person vor den Kopf zu stoßen, zu enttäuschen und letztlich zu verlieren. Und so machen wir lieber weiter, gehen über eigene Grenzen und entfernen uns dabei immer weiter von uns selbst. Wenn sich dieses Muster über einige Zeit verfestigt hat und kaum mehr ein „Nein!" ausgesprochen wurde, kann es sich so anfühlen, als lebten wir nur noch für den anderen. Der natürlicherweise in uns wohnende Wunsch nach Autonomie und Selbstbestimmung erlischt oder wird wütend immer größer. Eine Spirale beginnt, die so rasant ist, dass die ursprüngliche Verlustangst, die das alles ins Rollen gebracht hat, gar nicht mehr zu erkennen ist.

TIPP: Stellen Sie sich die Frage, ob Sie mit einem Menschen zusammensein möchten, der Sie zu verlassen droht, nur weil Sie formulieren, was Ihnen wichtig ist. Klingt nicht nach einer gesunden Beziehung, oder? Machen Sie sich klar, dass Ihre Bedürfnisse ebenso wichtig sind wie die Ihres Gegenübers.

NR. 3: Unklarheit

Herrscht innere Unklarheit über die eigenen Wünsche und Vorstellungen in Bezug auf die Beziehungsgestaltung – „Lieb ich ihn, oder lieb ich ihn nicht?" –, kriegt der andere das meistens sehr schnell mit und stellt uns zur Rede. Die Unfähigkeit, in diesem Moment eine Antwort geben zu können, führt zu noch mehr Stress.

TIPP: Lassen Sie sich nicht unter Druck setzen! Klarheit lässt sich nicht übers Knie brechen. Vertrauen Sie in den Prozess. Das Gras wächst auch nicht schneller, nur weil man daran zieht.

NR. 4: Verschiedenheit

Was am Anfang einer Beziehung oft eine große Anziehungskraft besitzt, nämlich, dass man so verschieden ist, führt nach einiger Zeit häufig zu Konflikten. Unterschiedliche Vorstellungen lassen sich nicht immer durch Kompromisse lösen, manchmal passen sie einfach nicht überein. Und das erzeugt Stress! Denn wir haben abgespeichert, dass nur harmonische Beziehungen auch glückliche Beziehungen sind.

TIPP: Zusammen entspannen (siehe S. 150) kann helfen, die Verschiedenheit auszuhalten und sogar etwas Besonderes darin zu sehen.

Alles geben?

WER ZURÜCKSTECKT und anderen immer sein letztes Hemd gibt, gilt als selbstlos und sozial. Doch diese Form des Gebens macht den, der gibt, oft leer und manchmal auch nervös. Besonders dann, wenn er aus (unbewusster) Angst handelt und immer in Sorge ist, was passiert, wenn er etwas ablehnt oder von anderen mal etwas erbittet: „Werde ich dann noch akzeptiert und geliebt oder abgelehnt und ausgestoßen?" Die verinnerlichte Überzeugung, permanent geben zu müssen, um die Beziehung aufrechtzuerhalten, sorgt für Stress.

Auch mal nehmen!

Kinder nehmen sofort und gerne – allerdings wird ihnen genau das im Sinne der **HÖFLICHKEIT** wieder abtrainiert. Manchmal zu sehr.

Sie bekommen **100 EURO** geschenkt, doch nur unter der Bedingung, dass Sie einen Teil davon weiterschenken. Wie viel trauen Sie sich, zu behalten?

WER NIMMT, gilt oft als egoistisch oder selbstbezogen. Wer als Erste „Hier!" schreit, wird als unanständig oder unhöflich betitelt. Doch kann man beobachten, dass diejenigen, die klar sagen, was sie wollen, und das auch zu formulieren wissen, schneller ans Ziel kommen und im Leben erfolgreicher sind. Haben Sie also keine Scham, etwas anzunehmen. Vor allem dann nicht, wenn es Ihnen angeboten worden ist! Greifen Sie fröhlich zu! Vermutlich machen Sie dem Gebenden sogar eine Freude, wenn Sie einfach mit „Ja, gerne!" reagieren.

Unsichtbare Arbeit
Am Ende des Tages zählt nicht nur das sichtbare Ergebnis wie ein voller Kühlschrank, sondern die vielen Entscheidungen auf dem Weg dahin!

MENTAL LOAD: NICHT DER REDE WERT?

Machen Sie sich permanent Gedanken und tragen damit zum Gelingen des Familienalltags bei, ohne dass das bemerkt oder gar anerkannt wird? Wenn ja, dann stecken Sie in der Mental Load-Falle.

Was ist Mental Load? Überall gibt es sie, die unsichtbare mentale Mehrarbeit. Im Kollegium kann es beispielsweise das Erinnern an Geburtstage und das Besorgen einer Karte sein. Ein klassisches Beispiel in Familien ist häufig die Essens- und Einkaufsplanung. Die besteht nämlich nicht nur darin, loszufahren und alles zu besorgen, sondern beginnt mit Überlegungen: Was könnten wir kochen? Wie viele Lebensmittel brauchen wir? Ist noch genug Platz im Kühlschrank? Schaffe ich das vor dem Elternabend? ... Gesehen wird am Ende des Tages aber nur (wenn überhaupt): „Ah, du hast eingekauft." Und genau dieses Verkanntwerden führt gerade in Paarbeziehungen und Familien zu jeder Menge Stress und Frustration.

Mental Load ist ein Kraftakt
Meist ist es die Frau, die Aufgaben als solche identifiziert, den Überblick über alle To-dos pflegt, koordiniert und daran erinnert, bitte dieses oder jenes zu erledigen. Diese gedankliche Akrobatik kostet unfassbar viel Kraft, fällt beim Thema Aufgabenverteilung aber allzu oft aus der Rechnung. Haben Sie darauf keine Lust (mehr)? Dann folgen Sie unserer Anleitung.

1 Bestandsaufnahme
Schreiben Sie alle Aufgaben auf, die Sie für den gemeinsamen Alltag übernehmen, und bitten Sie Ihren Partner, dasselbe zu tun. Eine gute Inspiration finden Sie hier: https://equalcareday.de/mentalload-test.pdf

2 Neu verteilen
Besprechen Sie die Punkte. Machen Sie anschließend gemeinsam eine Liste aller Aufgaben, die in der nächsten Woche anstehen, und legen Sie fest, wer wofür zuständig ist. Achten Sie auf die Sprache der gewaltfreien Kommunikation, siehe S. 182).

3 Routine und Rückblick
Vereinbaren Sie einen Termin in der Woche, um die Aufgaben der kommenden Woche zu benennen und zu verteilen. Tauschen Sie sich auch regelmäßig darüber aus, wie die Umsetzung geklappt hat.

Übrigens: Wenn Sie sich die tatsächliche Arbeit gerecht teilen, steigen auch die Chancen für leidenschaftlichen Sex. Denn nicht selten ist (zu viel) Stress die Lustbremse (siehe S. 88).

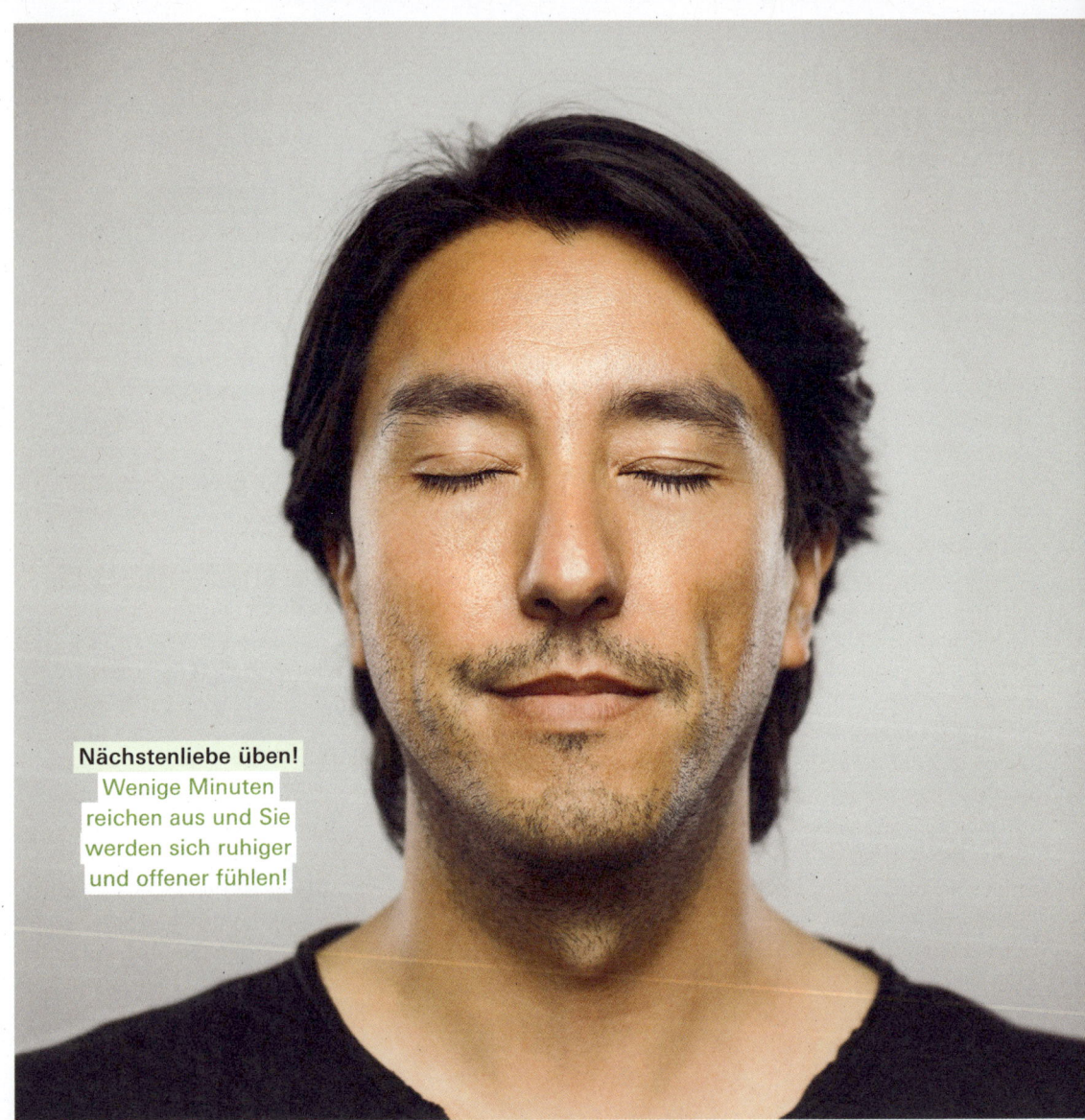

Nächstenliebe üben! Wenige Minuten reichen aus und Sie werden sich ruhiger und offener fühlen!

ANLEITUNG ZUR LIEBENDEN GÜTE

Bedingungslose Liebe und Wohlwollen lassen sich trainieren – und zwar durch die sogenannte Meditation der liebenden Güte. Das ist sogar wissenschaftlich belegt. Forscher der amerikanischen Stanford University fanden heraus, dass schon wenige Minuten dieser Übung genügen, um das Gefühl sozialer Verbindung zu stärken und die Offenheit gegenüber unbekannten Personen zu erhöhen.

Wer hat's erfunden?
Die Meditation der liebenden Güte hat im Buddhismus ihren Ursprung und ist mit der christlichen Nächstenliebe vergleichbar. Das Grundprinzip ist einfach: Es geht darum, jedem Lebewesen mit Güte zu begegnen und ihm zu wünschen, dass es frei sein möge von Leid.

Wo und wie fange ich an?
Wer nicht nett zu sich selbst ist, wird Schwierigkeiten haben, Fremden mit Freundlichkeit zu begegnen. Deshalb beginnen Sie bei sich selbst! Später können Sie die Meditation dann an neutrale Personen richten oder sogar an Menschen, die Sie nicht mögen. Verabschieden Sie sich von großen Erwartungen: Die Meditation funktioniert auch, wenn Sie zunächst keine Veränderung bemerken. Vertrauen Sie darauf! Je öfter Sie Wohlwollen üben, desto eher werden Sie diese Haltung ganz automatisch in Ihrem Alltag übernehmen.

1 **Kommen Sie** in einen angenehmen Sitz. Sagen Sie sich im Geiste: „So wie alle Wesen glücklich und frei von Leid sein wollen, möge auch ich glücklich und frei von Leid sein." Erlauben Sie sich, die Wärme dieser liebevollen Absicht zu spüren. Sie können den Satz auch ab-

wandeln, damit er Ihnen natürlicher erscheint

2 **Wiederholen Sie** folgende Sätze still und sanft mit leiser Stimme: „Möge ich sicher sein. Möge ich glücklich sein. Möge ich gesund sein. Möge ich mit Leichtigkeit leben." Lassen Sie jeden Satz eine Bedeutung haben. Falls nötig, wiederholen Sie den einen oder anderen Satz einige Male, bis Sie ihn wirklich verinnerlicht haben. Sie können auch ein einzelnes Wort davon wiederholen, um seiner Bedeutung Ausdruck zu verleihen.

3 **Legen Sie** nach ein paar Runden eine Hand auf Ihr Herz und erinnern Sie sich an die Absicht, sich selbst mit liebender Güte anzufüllen: „So wie alle Wesen glücklich und frei von Leid sein wollen, möge auch ich glücklich und frei von Leid sein." Wiederholen Sie den Satz einige Male. Wenige Minuten reichen aus.

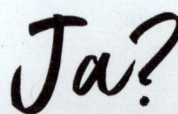

Ja?

Auch Ihre Mitmenschen haben nicht viel von einem **HALBHERZIGEN „JA"**, das Sie nicht einhalten können.

Oft kommt ein „Ja" vorschnell. Lassen Sie sich Zeit mit einer Antwort, bitten Sie ruhig um **BEDENKZEIT.**

NA KLAR!

„NEIN" ZUM NEIN? Sogenannte Jasager gelten oft als angepasste Langweiler, werden aber in Gemeinschaften gerne „aufgenommen", weil sie so pflegeleicht sind. Dabei ist das häufige „Ja" nicht selten Ausdruck der Unfähigkeit oder der Angst, „Nein" zu sagen, und drückt keineswegs freimütige Bereitschaft zu irgendetwas aus. So ist ein „Ja" zwar schnell gesagt, jedoch nicht gemeint. Nach Außen wurde Harmonie geschaffen, innerlich fühlt es sich an wie eine Niederlage. Kurzum: Zu allem „Ja" zu sagen – vor allem halbherzig – macht unglücklich.

Nein!

ICH MÖCHTE NICHT

Der Ton macht die Musik: Ein „Nein" kann ernst genommen werden oder eben nicht, je nachdem wie viel **NACHDRUCK** dahintersteckt.

In dem Augenblick, in dem Sie sich **ABGRENZEN,** wenden Sie sich einer entscheidenden Person zu: sich selbst!

„JA" ZUM NEIN! „Nein" zu sagen, macht vielen Angst und löst dadurch im ersten Moment Stress aus: „Wie werden die anderen reagieren?" Doch einmal ausgesprochen, kann es unfassbar befreiend sein. Damit erspart man sich nämlich mögliche Selbstvorwürfe, es mal wieder nicht geschafft zu haben, jemandem eine Bitte auszuschlagen oder für sich selbst einzustehen. Im Gegenteil: Stolz macht sich breit. Und meistens ist durch das „Nein" wertvolle Zeit gewonnen, um sich Dingen zu widmen, die Ihnen wirklich wichtig sind.

Aber was, wenn ...?

Chance verpasst: Wer oft „Nein" sagt, ist manchmal **EINFACH FEIGE** und steht sich damit selbst im Weg.

IHNEN KOMMT EIN „NEIN" leichter über die Lippen als ein „Ja"? Das Motiv ist auch hier häufig die Angst, und zwar die vor dem Versagen. Vielleicht erscheint die Aufgabe zu groß oder Sie sich selbst zu klein. Das „Nein" soll eigentlich Schutz bieten, verhindert dann aber auch, wertvolle Erfahrungen zu machen und mit den Herausforderungen zu wachsen. In Freundschaften können Sie sich durch ein schnelles „Nein" Menschen auf Abstand halten und entziehen so möglicherweise innigen Beziehungen den Nährboden. Eigentlich schade.

Ich trau mich!

Mit einem „Ja" nehmen Sie Ihr Leben in die Hand und signalisieren sich selbst, dass Sie sich etwas **ZUTRAUEN.**

OHNE WENN UND ABER: Aus vollem Herzen „Ja" zu sagen, setzt Kraft frei und eröffnet ungeahnte Möglichkeiten. Auch, weil Sie Ihre Energie nicht mehr in das Abwägen und das Führen von Pro-Kontra-Listen stecken müssen. Gerade in romantischen Beziehungen lohnt es sich, sich ganz und gar auf sie einzulassen – ohne Plan B. Denn diese Eindeutigkeit erzeugt auf beiden Seiten ein Gefühl der Sicherheit – und so erst kann die Beziehung wirklich wachsen und gedeihen. Ein Risiko, dass es doch nicht klappt, bleibt sowieso immer.

JA! NEIN! VIELLEICHT!

Was denn nun? Erst hören Sie ein Loblied auf das „Nein!" Eine Seite später geht der Daumen hoch für das „Ja". Wie kommt das? Nun ja, das Wichtigste für ein zufriedenes Leben ist, dass sich das „Ja" oder das „Nein" mit Ihrem inneren Empfinden deckt, also mit Ihren Wünschen und Bedürfnissen und individuellen Grenzen. Aber was, wenn einfach beide Möglichkeiten, und sind sie noch so verschieden, gleich verlockend oder Furcht einflößend sind?

Das Dilemma

Wenn Sie nicht wissen, wofür Sie sich entscheiden sollen, wie etwa bei der großen Frage, ob Sie eine Beziehung beenden oder fortführen möchten, ist das ein sehr unangenehmer Zustand. Auf beiden Seiten ist Schmerz: Wenn Sie bleiben, müssen Sie eventuell Verhaltensweisen des anderen in Kauf nehmen, die Sie stören. Und wenn Sie gehen, müssen Sie auf schöne gemeinsame Momente und Nähe verzichten. Aber so bleiben kann es auch nicht, denn der Zustand der Schwebe ist nur eine gewisse Zeit tragbar. Viele Menschen entscheiden sich in einer solchen Situation für bereits bekannte Entscheidungen, also solche, die in der Vergangenheit schon einmal getroffen wurden und sich scheinbar bewährt haben. Wenn

Sie also bereits mehrere Beziehungen beendet haben und das rückwirkend als positiv bewerten, werden Sie vermutlich auch in der aktuellen Situation ähnlich handeln. Die Krux an der Sache ist, dass Sie dieselben Muster so immer wieder wiederholen, anstatt vielleicht einem tiefer liegenden Problem (z. B. geringes Selbstwertgefühl) auf die Schliche zu kommen und für echte Veränderung zu sorgen.

Die Ambivalenzschaukel

Seien Sie gewarnt: Sobald Sie sich für eine Sache entschieden haben, werden in Ihrem Gehirn die Vorteile der gegenteiligen Entscheidung aufflackern. Sie können sich das wie eine Spielplatzschaukel vorstellen, bei der auf der einen Seite das „Ja" und auf der anderen Seite das „Nein" sitzt. Wenn Sie sich beispielsweise dazu entschieden haben, die Beziehung zu beenden, können Sie sicher sein, dass der nächste Liebesfilm schöne Erinnerungen weckt und Zweifel aufkommen lässt. Bleiben Sie dann einfach ganz cool! Andersherum, wenn Sie sich zum Bleiben entschieden haben, wird garantiert eine Situation auftreten, die Ihnen das vor Augen führt, wie sehr Sie das Verhalten Ihres Partners nerven kann. Ihre bereits getroffene Entscheidung kann aufgrund von Ambivalenz immer wieder in-frage gestellt werden. Das ist normal und muss kein Zeichen dafür sein, dass Sie erneut Antworten auf dieselben Frage finden müssen.

TIPP: Rufen Sie Ihre Freunde an, wenn Sie zweifeln und sich nicht mehr erinnern können, warum Sie die Entscheidung so getroffen habe. Ihre Freunde werden es mit Sicherheit noch wissen!

„Nein" heißt „Nein"!

Bei aller Ambivalenz ist zu beachten: Ein „Nein" ist immer stärker als ein „Ja"! Und nur, weil es Ihnen schwerfällt, etwas ab-zulehnen oder zu verweigern, heißt das nicht, das jemand anders Sie unter Druck setzen oder bedrängen darf! Gerade Men-schen, die bereits gewaltvolle Erfahrungen in Missbrauchssituationen gemacht haben – übrigens gehört dazu nicht nur sexueller Missbrauch, sondern jegliche Form von ausgenutzter Machtungleichheit –, sind oft ratlos, ob das eigene „Nein" gerechtfertigt ist, und lassen sich in ihrer Unsicherheit diesbezüglich oft noch mehr verunsichern oder sogar umstimmen. Besonders in den Bereichen Sexualität, Partnerschaft, Familie und Beruf kommt es immer wieder zu Si-tuationen in denen es wichtig ist, dass Sie für Ihr „Nein" einstehen. Wenn Ihnen das schwerfällt oder Sie das Gefühl haben, dass das nicht (ausreichend) akzeptiert wird, su-chen Sie entsprechende Beratungsstellen auf (siehe Kasten rechts).

ANLAUFSTELLEN

Sexuelle Gewalt: Im Sexualstrafrecht wurde im Juli 2016 im Bundestag ver-abschiedet, dass sich strafbar macht, wer einer Person gegen deren „erkennbaren Willen" sexuelle Handlungen aufzwingt. Das ist eine theoretische Errungenschaft. Praktisch empfehlen wir, dass Sie sich in Zweifelsfragen immer an eine Beratungs-stelle in Ihrer Nähe wenden oder an die kostenfreie Hotline: www.hilfetelefon.de

Arbeitsrecht: Wenn Sie unsicher sind, ob es richtig ist, dass Ihr „Nein" abgelehnt wird, schauen Sie in Ihren Arbeitsvertrag und/oder gehen Sie zur Personalabteilung oder zum Betriebsrat. Wenn Sie dort nicht weiterkommen, wenden Sie sich an die kostenfreie Arbeitnehmer-Hilfe: www.arbeitnehmerhilfe.de

Partnerschaft/Familie: Wenn es zuhause zu körperlicher, psychischer und/oder ver-baler Gewalt kommt, wenden Sie sich am besten direkt an eine Beratungsstelle wie etwa die Profamilia: https://www.pro familia.de. Dort können Sie in einem per-sönlichen Gespräch herausfinden, ob Sie mit Ihrem Gefühl richtigliegen und wie Sie individuell unterstützt werden können.

Nur vier Buchstaben!
Wer nicht gut „Nein" sagen kann, wird oft mit Aufgaben überhäuft und überfordert sich.

WIESO DAS „NEIN" OFT SCHWERFÄLLT

„Nein" sagen zu können, ist für das Führen gesunder Beziehungen und für das eigene seelische Wohl elementar. Ein „Nein" kann außerdem vor unangenehmen Erfahrungen oder gefährlichen Situationen schützen. Vielen Menschen fällt es allerdings unglaublich schwer, das Wort mit den vier Buchstaben ohne Angst und Schuldgefühle auszusprechen. Gehören Sie auch dazu? Dann finden Sie zunächst heraus, woran das liegen mag.

1 Angst vor negativen Konsequenzen

Ein „Nein" hört zunächst niemand gerne. Schließlich ist es die Ablehnung einer Bitte, eines Wunsches oder einer Erwartung. Deswegen ist die Sorge vor negativen Konsequenzen durchaus berechtigt. Doch betrachten Sie die Sache einmal andersherum: Ein „Ja" hat möglicherweise ebenso negative Konsequenzen für Sie, wie zum Beispiel, dass Sie sich überfordern.

2 Mangelnde Übung

Was Sie nicht gelernt haben, können Sie auch nicht können. Neinsagen ist Übungssache. Stellen Sie sich doch einmal vor den Spiegel, blicken Sie sich in die Augen und sagen Sie Ihrer schärfsten Kritikerin entschlossen: „Nein."

3 Geringes Selbstwertgefühl

Vielleicht hat sich im Laufe Ihres Lebens der Glaubenssatz breitgemacht, dass es Ihnen nicht zusteht, an sich zu denken und Ihre Grenzen zu wahren. In dem Fall ist es an der Zeit, dass Sie neue Sätze finden, die Ihnen Rückhalt geben. Denn wieso sollten die Bedürfnisse Ihres Gegenübers wichtiger sein als Ihre eigenen?

4 Schlechte Erfahrungen

Möglicherweise haben Sie die Erfahrung gemacht, dass das Neinsagen schlimme Folgen haben kann, was wiederum zu der bereits beschriebenen Angst vor Konsequenzen führt. Oft sind diese Erlebnisse nicht mehr bewusst abrufbar. Wenn Sie bei dem Gedanken, jemandem einen Wunsch oder eine Bitte abzuschlagen, weniger sorgenvoll, sondern schon eher panisch reagieren, können Sie davon ausgehen, dass dies auf schlechte Erfahrungen zurückzuführen ist.

5 Statusverlust

Sie können vieles gleichzeitig erledigen und kriegen alles gewuppt? Vermutlich eilt Ihr Ruf Ihnen schon voraus? Mit einem „Nein" würden Sie diesen Status, den Sie sich vielleicht hart erarbeitet haben, verlieren. Deswegen sagen Sie lieber „Ja", als diese Gefahr in Kauf zu nehmen.

Wir?

Falsche HARMONIE: Fällt es Ihnen schwer, Ihre (andere) Meinung aus Angst vor einem Konflikt oder dem Beziehungsende zu äußern, besteht emotionale Abhängigkeit.

Einer der häufigsten Trennungsgründe lautet: Wir waren zu **UNTERSCHIEDLICH.** Darin drückt sich der Wunsch nach Gleichheit aus. (Quelle: Statista)

EINER MEINUNG ZU SEIN und darüber Verbundenheit zu erleben, ist etwas Schönes – doch nichts, was Sie krampfhaft herzustellen versuchen sollten. Erstens, weil das nicht funktioniert, und zweitens, weil Sie in den Gesprächen, in denen Sie den anderen überzeugen möchte, die gleiche Sichtweise wie Sie einzunehmen, den anderen verpassen. Sie vertun die Chance, eine neue, interessante Sicht auf die Dinge zu bekommen. Wenn Sie als Paar nur auf Harmonie setzen, werden Sie vermutlich in der Lustlosigkeit landen.

Ich und du!

Achten Sie darauf, dass Sie nicht darauf angewiesen sind, dass Ihr Partner Sie vervollständigt, sondern dass Sie **SICH SELBST GENUG** sind.

Ist Ihr Selbst stabil, können Sie sich mit Ihrem Partner **VERBUNDEN** fühlen, auch wenn dieser anderer Meinung ist.

MEINUNGSVERSCHIEDENHEITEN sollten Sie aushalten können. Sie bedeuten nämlich nicht, dass Sie sich als Paar auseinanderleben, sondern, dass Sie unterschiedliche Personen sind. Indem Sie aufhören, die Überzeugungen Ihres Gegenübers an Ihre angleichen zu wollen, erkennen Sie seine Einzigartigkeit an. Den anderen zu sehen und zu akzeptieren, wie er ist, führt in den meisten Fällen zu einem Gefühl von Verbundenheit. Das wird nicht nur im gegenwärtigen Moment als schön erlebt, sondern bietet auch eine gute Zukunftsprognose.

Klar definiert
Kennen Sie Ihre Grenzen,
bevor Sie Einladungen aussprechen. Das schützt vor
Enttäuschungen.

KLARE GRENZEN SETZEN

Beim Neinsagen in Beziehungen geht es in den meisten Fällen darum, Grenzen zu setzen. Dies gelingt aber nur dann, wenn Sie Ihre eigenen Grenzen auch wirklich kennen. Es ist also sinnvoll, sich im Vorfeld damit zu beschäftigen – nämlich dann, wenn keine akute Stresssituation durch den Fragenden entsteht.

Eigene Grenzen kennen

Wenn Sie Ihre Grenzen und Bedürfnisse für sich geklärt haben, können Sie selbstbewusst auftreten und deutlich kommunizieren, was Sie möchten und was eben nicht. Sie vermeiden so verwirrende Interpretationsspielräume und können mit klaren Aussagen für klare Verhältnisse sorgen. Das mag möglicherweise zu Konflikten führen, aber auch die haben ihr Gutes. Denn erst, wenn Sie genau wissen, was Ihnen wichtig ist und was Ihrem Gegenüber wichtig ist, können Sie anfangen, miteinander zu verhandeln.

Eine Übung kann helfen

Mit Frauen, die Opfer von häuslicher Gewalt geworden sind, wird in Beratungszentren die im Folgenden beschriebene Übung durchgeführt. Doch es braucht nicht erst den Worst Case, bevor Sie sich überlegen, was Sie in Ihrem Leben nicht dulden und was Sie sich stattdessen in Ihren Beziehungen wünschen. Beginnen Sie damit jetzt!

1 Eintrittsregeln definieren Stellen Sie sich vor, Sie hätten ein Haus mit Garten und der Garten ist von einem Zaun eingefasst. Am Eingang ist ein Hinweisschild für Besucher angebracht, auf dem steht, dass nur Menschen eintreten dürfen, die folgenden Verbote beachten. Wie würden Ihre Regeln lauten? Hier einige Beispiele: Nicht schreien! Keine Monologe! Keine Gesprächsabbrüche! Nicht fluchen! Keine Vorwürfe! Nicht unter Druck setzen!

2 Hausordnung finden Nachdem Sie die Don'ts festgelegt haben, können Sie aus der Ablehnung heraustreten und sich fragen, welchen Umgang Sie begrüßen. Was soll in Ihrem Haus und Ihrem Leben passieren? Es gibt einen – zugegeben etwas kitschigen – Postkartenspruch, der dafür als Anregung dienen kann: „In diesem Haus wird gelebt und geliebt, geben wir eine zweite Chance, sagen wir Bitte und Danke, haben wir Spaß, werden Fehler gemacht und verziehen, ist es mal laut und mal leise, geben wir unser Bestes, wird getanzt und gelacht, ist es bunt und lustig, sind wir eine Familie."

DER BEZIEHUNGSDEAL

Warum haben Sie sich entschieden, eine Beziehung einzugehen? Sicher nicht, um sich zu fetzen und zu rechtfertigen, sondern um sich gegenseitig zu stärken. Bei Rückschlägen kann ein Partner Sie stützen und aufmuntern, Selbstzweifel lassen im besten Falle nach. Zu Beginn der Beziehung schließen die meisten Paare einen unausgesprochenen Vertrag darüber, welche Erwartungen die Beziehung erfüllen soll. Und genau diese Vereinbarung – die keine ist, solange sie nicht gemeinsam besprochen wurde – führt im späteren Verlauf der Beziehung häufig zu Problemen.

Extra-Tipp: Führen Sie sich vor Augen, wieso Sie sich für Ihre Beziehung entschieden haben. Was hat Ihnen am anderen gefallen und wie haben Sie sich kennengelernt? Es hilft, wenn Sie sich hin und wieder, gerne auch gemeinsam, daran erinnern. Besonders dann, wenn Sie sich enttäuscht fühlen oder Sie sich in einer Phase der permanenten Vorwürfe befinden.

Die Beziehung gerät ins Wanken

Ob nach sechs Wochen oder im verflixten siebten Jahr: In den meisten Beziehungen kommt irgendwann der Punkt, an dem die Quelle der Verunsicherung nicht mehr im Außenbereich der Partnerschaft liegt, sondern innerhalb der Paarbeziehung erlebt wird. Dann nämlich, wenn Ihr Partner und der Konflikt, den Sie miteinander haben,

der Auslöser Ihrer Unruhe ist. Ein Beispiel: Sie sind genervt davon, wie Ihr Partner die Zahnpastatube in der Mitte ausdrückt und meinen, er müsse das unterlassen, damit Sie wieder ruhig werden können. Er regt sich wiederum darüber auf, dass Sie diese Forderung an ihn stellen und ihn kritisieren. Die Anspannung steigt und Sie können sie schwer und/oder gar nicht regulieren, weil das – nach Ihrem Verständnis des Beziehungsvertrags – doch jetzt seine Aufgabe wäre. Sie fühlen sich geradezu abhängig und angewiesen darauf, dass Ihr Partner sein Verhalten oder seine Meinung ändert.

Extra-Info: Der hier beschriebene Beziehungsdeal ist etwas ganz normales und sollte nicht mit Co-Abhängigkeit gleichgesetzt werden. Kritisch wird es allerdings, wenn Partner ihre Stimmung gar nicht alleine regulieren können.

Ein Teufelskreis beginnt

Sie hegen den inneren Wunsch, die Beziehung fortzuführen, möchten sich andererseits aber nicht alles gefallen lassen oder dauernd kritisiert werden. Die Konfliktthemen sind dabei übrigens absolut austauschbar. Egal, ob es um den klassischen Fall mit der Zahnpastatube geht, um Sex, Finanzen, Familienkonstellationen oder die Essensplanung: Solange einer von beiden oder beide erwarten, dass die eigenen Gefühle durch den anderen und dessen Handlungen reguliert werden müssen und der andere für das eigene Glück verantwortlich ist, geht gar nichts.

Das Dilemma

Der US-amerikanische Paartherapeut Dr. David Schnarch, der sich in seinen Arbeiten immer wieder dafür ausgesprochen hat, dass sich langjährige Beziehungen und Leidenschaft nicht ausschließen müssen, hat für den oben beschriebenen Teufelskreis einen Namen: Two-Choice-Dilemma. Das Dilemma ergibt sich aus dem Gedanken: „Entweder ich mache dich glücklich, aber dann bin ich unglücklich. Oder ich mache mich glücklich, dann bist du unglücklich." Natürlich möchten Sie selbst glücklich sein und wünschen sich zugleich, dass Ihr Partner es sein möge. Doch nur eins davon scheint möglich: Sie müssen sich entscheiden.

Und nun?

Einige Paare trennen sich, wenn sich dieses Dilemma auftut. Andere wiederum möchten für sich und die Beziehung kämpfen, tun das allerdings mit den alten Streitmitteln, die zuvor schon nicht funktioniert haben. Folglich wird es eher schlimmer als besser. Und je höher die Anspannung, desto größer die Wahrscheinlichkeit, dass das vernünftige Denken von affektiven Stressreaktionen abgelöst wird: Kampf, Flucht, Unterwerfung oder Schmeichelei.

Der tote Punkt

Sie stecken in einer Sackgasse, es geht weder vor noch zurück. Was sich aussichtslos anfühlt ist genau der Moment, der Wachstum und Veränderung anstoßen kann. Und zwar nicht, indem Sie einen faulen Kompromiss schließen, sondern in erster Linie durch die Lösung der emotionalen Verschmelzung. Fokussieren Sie sich darauf, ein eigenes stabiles Selbst aufzubauen, das Spannungen aushalten kann und weiterhin Verbindung zulässt. Ein Selbst, das nicht mehr auf Bestätigung und Beruhigung durch den Partner angewiesen ist.

Extra-Tipp: Manchen Menschen gelingt das gut, andere wiederum haben es nicht so gut gelernt und müssen sich ein stabiles Selbst hart erarbeiten. Die Übungen auf der folgenden Seite können Ihnen dabei helfen, als Paar das Gefühl der Verbundenheit zu stärken und sich gleichzeitig selbst zu beruhigen.

Happy End

Die Fähigkeit, bei sich und gleichzeitig in Verbindung bleiben zu können, ist die beste Voraussetzung für eine gelungene Partnerschaft. Diese zeichnet sich dann wieder durch die Vorzüge aus, wegen der Sie zusammengekommen sind – ohne sich davon allzu abhängig zu fühlen. Damit entsteht eine Gelassenheit, die Sie wieder entspannt nach vorne blicken lässt.

ENTSPANNUNG FÜR ZWEI

Wie Sie sich alleine beruhigen können, haben Sie auf S. 22 gelesen. Diese Entspannungstechniken bei Beziehungskonflikten anzuwenden, ist in jedem Fall eine gute Idee! Denn entspannt können Sie mit allen Herausforderungen besser umgehen.

Hier finden Sie Paar-Übungen, die es Ihnen ermöglichen, zugleich bei sich selbst UND in der Verbindung zu bleiben. Sie eignen sich vor allem dann, wenn Stressoren die Beziehung belasten, diese aber von außen kommen. Oder wenn Sie einfach das Gefühl der Verbundenheit stärken möchten.

Umarmen bis zur Entspannung

So geht's: Stellen Sie sich nah voreinander, Angesicht zu Angesicht und finden Sie zunächst eine bequeme Umarmungshaltung. Je nach Paar und Größenunterschied kann das ganz unterschiedlich ausfallen. Achten Sie darauf, dass Sie beide einen sicheren Stand haben – ohne sich am anderen abzustützen. Wichtig ist, dass Ihre Becken sich berühren und Sie eng aneinander stehen. Bleiben Sie mindestens fünf Minuten in dieser Umarmung und kommen Sie zur Ruhe.

Fokus: Jeder ist bei sich und macht mögliches Unwohlsein mit sich selbst aus. Nach einigen Minuten werden Sie ganz automatisch entspannen.

Köpfe auf die Kissen

So geht's: Legen Sie sich ins Bett, mit den Köpfen auf den Kissen, und schauen Sie sich an. Es geht darum, mit Augenkontakt die Verbindung zum anderen herzustellen und zugleich bei sich zu bleiben. Nehmen Sie sich dafür ausreichend Zeit und erzwingen Sie nichts.

Fokus: Auch hier ist jeder bei sich und spricht eventuelle Irritationen nicht aus. Der zusätzliche Kontext vom Bett – Assoziation Sex – erhöht den Schwierigkeitsgrad dieser Übung.

Extra-Info: Die ersten beiden hier vorgestellten Übungen hat der amerikanische Paar- und Sexualtherapeut Dr. David Schnarch entwickelt.

Geben und Nehmen

So geht's: Sie und Ihr Partner setzen sich auf dem Boden oder auf dem Sofa gegenüber, am besten im Schneider- oder Fersensitz. Jeder legt die linke Hand mit der Handfläche nach oben auf das eigene Bein. Die rechte Hand wird jeweils mit der Handfläche nach unten zeigend über der linken Hand des Partners (schwebend) positioniert. Beide schließen die Augen.

Fokus: Die rechte Hand steht bei dieser Übung für das „Geben" und die linke Hand für das „Nehmen". So erleben beide Partner ein müheloses Geben und Nehmen im Fluss. Wichtig ist, dass dabei keine Berührung stattfindet.

Abwechselnd streicheln

So geht's: Es geht wieder ins Bett! Entweder nackt oder in gemütlicher Kleidung. Wichtig: Erogene Zonen und Genitalien werden bei dieser Übung unbedingt ausgespart! Ein Partner liegt auf dem Bauch, der andere streichelt sanft seine Rückseite. Einigen Sie sich, wer beginnt, und tauschen Sie nach ca. 20 Minuten die Rollen (stellen Sie sich den Wecker oder eine Eieruhr). Der aktive Partner ist für die Atmosphäre (z. B. Kerzenlicht und Raumtemperatur) und den zeitlichen Rahmen zuständig.

Fokus: Beide Partner konzentrieren sich auf die feinen Empfindungen in der Hand und auf dem gesamten Körper.

Kreisatmung

So geht's: Diese Übung kann im Sitzen oder wahlweise in Missionarsstellung (angezogen) oder sogar beim Sex ausgeführt werden. Der eine Partner stellt sich vor, durch die Brust (den Herzraum) ein- und durch den Genitalbereich auszuatmen. Der andere Partner genau andersherum: Also durch den Genitalbereich ein- und durch das Herz auszuatmen. Es entsteht bei beiden eine Visualisierung des Atems und der Eindruck, als würden Sie Ihrer beider Atem austauschen.

Fokus: Lassen Sie einen Kreislauf aus Atem entstehen und finden Sie langsam einen gemeinsamen Rhythmus.

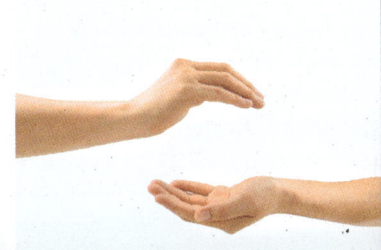 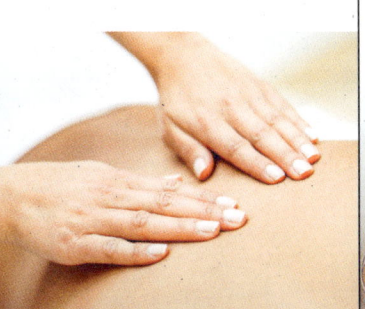 

Immer zusammen?

Auszug muss nicht gleich **TRENNUNG** bedeuten: Für manche Paare ist es eine gute Lösung, wieder auseinanderzuziehen und trotzdem zusammenzubleiben.

Eine Beziehung **AUF DISTANZ** gilt oft als Beziehung zweiter Klasse. Dabei kann sie für viele das geeignete Modell sein.

EINE ECHTE PAARBEZIEHUNG ist es nur, wenn man zusammenwohnt und jede Nacht im selben Bett schläft. So zumindest die romantische Vorstellung vieler. Dabei können die permanente räumliche Nähe und ein gemeinsamer Haushalt viel Reibung verursachen. Vor allem, wenn unvereinbare Vorstellungen von Sauberkeit oder einer schönen Einrichtung und unterschiedliche Schlafgewohnheiten aufeinandertreffen. Das Gebot der Verschmelzung ist ein anstrengendes Unterfangen, genauso wie der Terror einer künstlich hergestellten Symbiose.

Manchmal getrennt!

Das „Ich" im „Wir" erhalten: Auch ein **KOMPROMISS** ist eine eigene Entscheidung, sich auf den anderen zuzubewegen.

Getrennte **SCHLAFZIMMER** in der gemeinsamen Wohnung sind für viele Paare absoluter Luxus. Schließlich können sie beieinander schlafen, wann immer sie möchten, müssen es aber nicht.

AM ANFANG EINER BEZIEHUNG ist das meist die Norm: Man verabredet sich und vereinbart bewusst Zeit als Paar. Es gibt getrennte Wohnungen und getrennte Betten, man isst regelmäßig miteinander und wacht nebeneinander auf, aber eben nicht immer. Und wenn man sich sieht, ist die Freude meist groß. Wieso sollte das nur für eine bestimmte Zeit gut funktionieren? Wenn beide für sich in ihrem Tempo und Takt den Alltag gestalten können, stellt das Ruhe und Ausgeglichenheit her, die sich auch in der Begegnung spürbar macht.

WENN DIE LIEBE LANGWEILT

Es ist irgendwie absurd: Haben unsere Eltern oder Großeltern noch vor 50 Jahren für die sexuelle Freiheit gekämpft und diese in großen Teilen erfolgreich durchgeboxt, geht der Trend heute zur Lustlosigkeit. Nach dem Motto: „Jetzt, wo alles erlaubt ist, wollen wir nicht mehr." Psychologinnen, Sexualtherapeuten und Sozialwissenschaftler beschäftigen sich schon seit Langem mit der scheinbar unlösbaren Frage, wie aufregende Sexualität und Leidenschaft und die Sicherheit einer stabilen Liebesbeziehung miteinander vereinbar sind.

Kommunikation oder eher Sex?

Die meisten Paare, die zur Therapie gehen, bekräftigen in der ersten Sitzung: „Wir müssen an unserer Kommunikation arbeiten." Manchen Paartherapeuten kommt das sehr gelegen, denn sie können einfach das gewohnte Einmaleins der Kommunikation aus der Tasche zaubern und ein paar Übungen und Spiele durchführen. Wieso das problematisch ist? An der Verbesserung der Kommunikation ist tendenziell nie etwas falsch, doch schießt das manchmal am eigentlichen Thema vorbei. Denn: Über Kommunikation und die damit verbundenen Probleme kann man unbefangen reden, über Sex häufig nicht. Es ist davon auszugehen, dass es bei Paaren viel häufiger um Sex beziehungsweise Nichtsex geht, als zunächst ersichtlich. Selbstverständlich hängt dieses Thema oft mit Kommunikation oder anderen Konflikten zusammen (siehe S. 88), hat aber doch auch seine eigene Dimension. Therapeuten, die den unkonventionellen Ansatz von Esther Perel, einer belgischen Psychotherapeutin und New York Times-Bestsellerautorin, in ihre Arbeit integrieren, kontern das angebotene Gespräch zur Kommunikationsoptimierung meist recht schnell mit der Frage: „Und, wie läuft's im Bett?" Sex steht hier stellvertretend für die erotischen, positiven Spannungen in einer Beziehung, für das abenteuerliche Kribbeln und für die Leidenschaft.

Unter den Teppich gekehrt

Auch langweilige Beziehungen können stressen! Meistens macht sich dieser Stress nicht in lauten Konflikten bemerkbar, sondern kommt eher in leisen Tönen daher. Manche Paare sagen: „Wir streiten nicht einmal!" Die Liebesbeziehung, die diese Paare miteinander führen, ist in ihren Augen so schützenswert, dass Streit keinen Platz hat. Das ist fatal. Erstens, weil sie durch den Ausspruch von Konflikten zumindest in Verbindung bleiben, und zweitens, wenn

die brisanten Themen unter den Teppich gekehrt werden, herrscht zwar oberflächlich
Harmonie, aber die beklagte Langeweile
wird nicht verschwinden. Auch im Bett
herrscht dann oft tote Hose.

Der Wunsch nach Abwechslung

Machen wir uns nichts vor: Am Anfang der
Verliebtheitsphase sorgt nicht nur der Partner selbst für das angenehme Kribbeln,
sondern auch die neuen Erfahrungen, die
Abwechslung und das Abenteuer. Sobald
es sich die Beziehung dann auf dem hei-
mischen Sofa vor dem Fernseher bequem
gemacht hat, ist die Ödnis nicht weit. Die
anfänglichen Fragen wie „Was machen wir
als Nächstes?" oder „Wie siehst du das eigentlich?" sind verstummt und die damit
verbundene Ungewissheit fehlt.

Sie wissen an diesem Abend in Jog-
ginghose ganz genau, was Sie als Nächstes
machen werden: bis 22 Uhr fernsehen, Zäh-
ne putzen, dann ab ins Bett. Die meisten
Paare, die sich an diesem Punkt befinden,
sind ihrem Grundbedürfnis nach Sicherheit
gefolgt. Es hat sie eine verbindliche Beziehung eingehen lassen und es hat sie ins
Nest oder wie Esther Perel sagen würde, in
den Käfig getrieben. Das ebenso starke Bedürfnis nach Abenteuer und neuen Reizen
wurde unterdrückt. Zugegeben, diese zwei
beschriebenen Grundbedürfnisse sind komplett gegensätzlich. Wie lassen sie sich also
überhaupt vereinen?

Wer nicht wagt, der nicht gewinnt

Die meisten wünschen sich beides in
einem: eine leidenschaftliche Beziehung
voller Überraschungen und den sicheren
Hafen. Viele Ratgeber versprechen, dass
das mit ein paar Tricks möglich ist, durch
Reizwäsche oder spontane Urlaube. Doch
das greift zu kurz. Abenteuer kann es nicht
geben, ohne zumindest ein Stück weit ins
Risiko zu gehen, das heißt, sich aus dem sicheren Hafen auch mal ein wenig ins weite
Meer vorzuwagen. Denn wie soll eine wilde
Seefahrt mit geworfenem Anker funktionieren?

Wagen Sie es!

Alles wandelt sich im Leben. Wieso also
versuchen wir, den Status quo einer Beziehung mit aller Kraft zu erhalten? Bemer-
kenswerterweise sind wir in vielen Bereichen des Lebens veränderungsbereiter
als in der Liebe. Wenn Sie lieben, riskieren
Sie letztendlich immer auch die Möglichkeit
des Verlusts – durch Ablehnung, Trennung
oder den Tod. Ein gewisses Maß an Ungewissheit zuzulassen, erfordert manchmal
nicht mehr, als die Illusion von Sicherheit an
den Nagel zu hängen. Wenn Sie diesen
Wahrnehmungswechsel wagen, erkennen
Sie zwangsläufig und unverzüglich das Ge-
heimnisvolle an Ihrem Partner. Das Abenteuer kann beginnen! Und dazu müssen Sie
sich nicht in Affären stürzen, sondern einfach den Partner ihn selbst sein lassen.

Öfter mal was Neues!
Langeweile ist ein häufiger
Grund, warum Menschen einen
Schlussstrich unter die
Beziehung ziehen.

FÜR SPANNUNG SORGEN!

Sie wünschen sich mehr Abwechslung und Abenteuer in Ihrer Beziehung? Dann gilt vor allem Folgendes: Warten Sie nicht darauf, dass Ihr Partner Ihnen Ihre Bedürfnisse und Wünsche von den Augen abliest, sondern lassen Sie sich von unseren Tipps inspirieren und ergreifen Sie selbst die Initiative!

Treiben Sie Ihren Puls in die Höhe! Planen Sie eine gemeinsame Aktivität, auf die Sie Lust haben und die Sie gleichzeitig nervös macht. Etwas, bei dem Ihre Stresshormone (kurzfristig) mal so richtig Gas geben. Zusammen erlebt, kann ein kleines Abenteuer nämlich die Leidenschaft erhöhen. Wieso? Nun, wenn unser Körper in Erregung ist, sucht unser Gehirn automatisch nach Auslösern und verknüpft diese. Gehen

wir beispielsweise mit unserem Partner klettern und bekommen dabei Herzklopfen, bringen wir diese körperliche Reaktion auch mit unserem Partner in Verbindung. So entsteht das Gefühl angenehmer Aufregung. Dieses Phänomen nennt man übrigens Zwei-Faktoren-Emotionstheorie.

Zu einer Beziehung gehören mindestens zwei Deshalb gilt auch: Für die Beziehungsgestaltung sind beide verantwortlich. Empfinden Sie hier ein dauerhaft großes Ungleichgewicht, sollten Sie das ansprechen und Ihre Wünsche äußern (siehe S. 91). Wollen Sie beide mehr Abwechslung, aber Sie sind mit der Umsetzung überfordert? Machen Sie ein Spiel daraus! Vereinbaren Sie beispielsweise, sich mit der Planung von Ausflügen und gemeinsamen Aktivitäten wöchentlich abzuwechseln. So bringen Sie sich dazu, sich gegenseitig zu überraschen

und die Beziehung aktiv zu gestalten, anstatt sie vorbeiziehen zu lassen.

Erlauben Sie sich Fantasien Manchmal reicht es auch, wenn sich nur einer in der Beziehung bewegt. Dazu müssen Sie gar keine waghalsigen Stunts hinlegen, sondern lediglich Ihre Vorstellungskraft einsetzen. Machen Sie sich bewusst: Ihr Kopf gehört Ihnen, Sie dürfen denken, was Sie wollen. Und Sie können, müssen aber nicht, davon berichten. Egal, ob Sie sich in die Arme eines anderen Mannes wünschen oder in Ihrer Fantasie ins Kloster gehen: Ihr Kopf ist Ihre Spielwiese. Sie können Ihre Fantasien auch gezielt dafür nutzen, Ihren Partner wieder als geheimnisvoll zu erleben. Stellen Sie sich vor, wo er wohl gerade ist oder was er macht, ohne ihn das zu fragen. Oder Sie laden Ihren Partner zu einem Rollenspiel ein, in dem Sie die Regeln bestimmen.

UNTER VIER AUGEN

Vielleicht erinnern Sie sich, dass zu Beginn Ihrer Beziehung vieles wie von selbst lief. Sie haben möglicherweise ganze Tage zusammen im Bett verbracht und sich nächtelang erzählt, was in Ihnen vorgeht. Irgendwann übernahm der Alltag mit seinen Pflichten die Beziehungsgestaltung und andere Dinge gewannen an Priorität. Sie sind allmählich dazu übergegangen, sich Ihre Fragen an den anderen selbst zu beantworten anstatt sie zu stellen. Das Bild vom Partner wird damit von Jahr zu Jahr stabiler – aber keineswegs zutreffender.

Ist jetzt ein guter Zeitpunkt?

Miteinander zu sprechen, geht im Alltag oft unter – bis Konflikte unvermeidlich sind. Die meisten Menschen streiten dann zwischen Tür und Angel, mit meist wenig befriedigenden Ergebnissen. Nur wenige denken an die Möglichkeit, dass man sich zum Sprechen – wie zum Sport – verabreden und Regeln aufstellen kann. Das räumt langfristig eine Menge möglicher Stressfaktoren aus dem Weg. Die Psychologen und Psychotherapeuten Michael Lukas Moeller und Celia Fatima haben ein ritualisiertes Format des Gesprächs entwickelt. Es hilft Paaren dabei, eine Kommunikationskultur zu etablieren, in Verbindung zu bleiben und nicht damit aufzuhören, einander besser kennenzulernen – so wie es am Anfang der Beziehung ganz selbstverständlich war. Es wird damit der Tatsache gerecht, dass sich Menschen im Laufe des Lebens verändern. Das sogenannte Zwiegespräch dient also nicht primär der Lösung von Konflikten, sondern stellt vor allen Dingen sicher, dass Sie sich mit Ihrem Partner austauschen.

Das Setting

Setzen Sie sich an einem bequemen Platz gegenüber und sorgen Sie dafür, dass Sie nicht gestört werden. Erzählen Sie dann abwechselnd und für vorher festgelegte Zeitintervalle von sich. Für Ungeübte bieten sich zunächst zehn Minuten an. Wenn Ihnen gar nichts einfällt, können Sie sich an den folgenden Fragen orientieren: „Worüber denke ich gerade nach? Was bewegt mich? Was wünsche ich mir? Wovor habe ich Angst?" Wichtig: Sie sprechen in Ich-Botschaften über sich selbst. Es geht nicht darum, den anderen von etwas zu überzeugen. Das Gegenüber hört in der Zeit lediglich aufmerksam zu. Während des Zwiegesprächs wird nicht nachgefragt, es sei denn, man hat etwas akustisch nicht verstanden. Auch Kommentare oder Ratschläge behält das Gegenüber für sich.

Ängste zulassen

Während Sie sich selbst sprechen hören, bereiten Sie in der Regel gedanklich die Formulierung dessen vor, was Sie als Nächstes sagen möchten. Je mehr Zeit Sie dafür haben, desto eher werden in Ihren Gedanken wichtige Themen auftauchen, die Sie gerne ansprechen oder ausdrücken möchten.

Gleichzeitig stellen Sie vermutlich fest, dass Dinge dabei sind, die Sie „noch nicht" oder „so noch nicht" sagen möchten. Sie zögern. Vielleicht, weil Sie nicht sicher sind, ob Sie die richtige Formulierung gefunden haben und Ihr Gegenüber nicht verletzen wollen. Gehen Sie innerlich kurz die Checkliste der gewaltfreien Kommunikation (siehe S. 182) durch. Wenn Sie konsequent dabei bleiben, nur von Ihren Beobachtungen und Gefühlen zu sprechen, und trotzdem noch Angst verspüren, dann handelt es sich nicht um die Angst, dem anderen wehzutun, sondern eher um die Sorge, ihm dann nicht mehr zu gefallen.

Wenn Sie das bei sich bemerken, sind Sie gerade vermutlich dabei, eine besonders hilfreiche Information für den anderen zurückzuhalten. Probieren Sie, Ihre Angst zu überwinden und sprechen Sie darüber. Mit großer Wahrscheinlichkeit wird es nicht für Zwietracht sorgen und Sie belasten, sondern Sie letzten Endes näher zueinanderbringen und entlasten. Denn: Der Gedanke geht nicht weg, nur weil er nicht ausgesprochen wird.

Geduldig werden

Versuchen Sie, wirklich nur zuzuhören und nicht gedanklich an möglichen Reaktionen oder Antworten zu feilen, auch wenn heikle Themen angesprochen werden. Vielleicht verebbt die erste Welle der Aufregung bereits, während Ihr Gegenüber sich weiter erklärt. Vielleicht wächst in Ihnen auch Verständnis für die Position des anderen. Wenn das Format des Zwiegesprächs noch ungewohnt ist, kann es anfangs Nervosität auslösen. Die meisten Paare berichten jedoch, dass es mit der Zeit für Entspannung sorgt, weil sie wissen, was Sache ist.

DAS ZWIEGESPRÄCH

Legen Sie zunächst fest, wo und wann Sie sich zum Zwiegespräch treffen. Am besten vereinbaren Sie gleich einen regelmäßigen Termin (und einen Ersatztermin). Als Dauer haben sich 30, 60 oder 90 Minuten bewährt. Den Zeitrhythmus, z. B. abwechselnd 15 Minuten, bestimmen Sie ebenfalls vorab.

WICHTIG: Keine Nachgespräche! Wenn die vereinbarte Dauer vorbei ist, werden die Themen nicht in der Verlängerung verhandelt. Planen Sie stattdessen lieber, danach entspannt miteinander zu essen.

Kommunikation ist mehr als reden.
Zum Beispiel gehört auch dazu, im Gespräch eine bestimmte Haltung einzunehmen und natürlich dem anderen zuzuhören. Auch unser Verhalten auf Social Media ist eine Form der Kommunikation. Für gelungene Kommunikation braucht es kein besonderes Ausdrucks- oder Sprachtalent, aber vielleicht ein paar Tipps und Tricks, damit das, was Sie sagen, so ankommt wie gewünscht.

Lass uns reden!

GUT KOMMUNIZIEREN

Kommunizieren können Sie nicht alleine, es braucht mindestens zwei Personen dazu. Deswegen folgt dieses Kapitel auch direkt auf den Beziehungsteil. Während der Fokus dort mehr auf romantischen und freundschaftlichen Beziehungen lag, weiten wir hier den Bereich der Verständigung aus auf zwischenmenschliche Kommunikation im Allgemeinen und damit auch auf soziale Medien und Netzwerke.

Sparen Sie sich Zeit und Ärger!

Menschen sind soziale Wesen. Für die meisten gehört der Austausch mit anderen nicht nur zum Leben, er macht es erst wirklich lebenswert. Allerdings ist Kommunikation nicht immer nur eine Quelle der Freude. Manchmal – gerade dann, wenn sie nicht gut gelingt – wird sie zur Belastung. Mit der „richtigen" Art zu kommunizieren, können Sie sich viel Zeit, Ärger und Stress ersparen. Besonders die anerkannten und erprobten Tipps aus der Gewaltfreien Kommunikation (GFK) nach Marshall B. Rosenberg sind dabei hilfreich – egal, ob es sich um konfliktbehaftete oder alltägliche Gespräche handelt.

Neben der Kommunikation von Angesicht zu Angesicht betrachten wir auch die digitale Welt und insbesondere die sozialen Medien: Welche Bilder und Werte werden uns dort vermittelt? Wie möchten wir uns selbst positionieren und wie können wir das Angebot nutzen, ohne in der digitalen Welt zu versumpfen?

Sind Sie bereit?

Nicht zufällig kommt das Thema Kommunikation erst an dieser Stelle im Buch. Denn um gut kommunizieren zu können, braucht es ein paar Voraussetzungen: eine entspannte Haltung zum Beispiel, ein gutes Selbstwertgefühl und Kenntnis über die eigenen Stressmuster. Die vorausgegangenen Kapitel haben Sie optimal darauf vorbereitet, sodass Sie die folgenden Tipps und Anregungen gelassen umsetzen können. Dabei ist es übrigens unerheblich, ob es um ein Gespräch mit der Hausverwaltung, dem Chef oder der eigenen Mutter geht. Wenn Sie ein paar Grundregeln beachten, kommt Ihre Botschaft beim Gegenüber deutlich an, ohne zu verletzen …

1. Sorgen Sie für eine sichere Grundlage

Wenn Sie sich sicher und ruhig fühlen, ist das für eine gelungene Kommunikation die halbe Miete. Wenn Sie gerade ängstlich oder wütend sind und Ihre Alarmzentrale im

Gehirn aufheult, ist das hingegen kein guter Zeitpunkt, irgendein Gespräch zu suchen. Versuchen Sie dann erst einmal, sich selbst zu beruhigen (siehe S. 22) und kümmern Sie sich um Ihre Grundbedürfnisse. Gehen Sie nach Möglichkeit nicht hungrig oder müde in ein Gespräch. Es kann auch nicht schaden, vorher bewusst etwas Genussvolles zu tun, wie etwa eine Tasse Kaffee zu trinken.

2. Bereiten Sie sich mental vor

Machen Sie sich im Idealfall schon vor dem Gespräch Gedanken darüber, was Sie sagen möchten. Eventuell verschriftlichen Sie diese Punkte und ordnen sie für sich. Aber Vorsicht: keine Zettelwirtschaft! Fragen Sie sich eher: Was darf bei diesem Gespräch auf keinen Fall vergessen werden? Was möchte ich unbedingt sagen?

3. Kommen Sie bei sich an

Es kann wirklich einen großen Unterschied machen, wenn Sie sich vor dem Gespräch die Zeit nehmen, ein paar Mal tief in den Bauch einzuatmen. Auch während des Gesprächs beruhigt diese Technik ungemein. Gleichzeitig können Sie sich daran erinnern, über welche Stärken Sie verfügen und dass Sie schon ganz andere Sachen gewuppt haben. Reden Sie sich gut zu!

4. Öffnen Sie Ihr Herz

Was ein wenig spirituell klingen mag, ist ganz ernst gemeint. Machen Sie sich klar, dass Ihr Gesprächspartner vermutlich nicht so reagieren wird, wie Sie es erwarten oder wie Sie es gerne hätten. Seien Sie offen und empfänglich für die Bedürfnisse und Wünsche Ihres Gegenübers. Denn nur so ist ein wirklicher Austausch möglich.

5. Sprechen Sie möglichst klar

Wenn Sie sich im Gespräch befinden, werden Sie sich immer wieder Ihrer Botschaft bewusst. Aus Scheu fangen wir manchmal an, zu nuscheln oder um den heißen Brei herumzureden. Versuchen Sie, nicht „herumzueiern", weder inhaltlich noch bezogen auf Ihre Aussprache. Sprechen Sie lieber etwas weniger und dafür bedachter und eher langsamer als hektisch. Behalten Sie im Blick, worum es Ihnen geht. Das heißt nicht, dass Sie auf Ihrer Meinung beharren sollen – aber, dass Sie Ihr Anliegen nicht verwässern sollen. Denn mit Aussagen ohne klare Botschaft ist niemandem geholfen.

6. Geben Sie ab

Wenn Sie mal nicht weiterwissen, lassen Sie sich überraschen, was als Nächstes kommt. Nach der Kommunikationstheorie von Paul Watzlawick kann man „nicht nicht kommunizieren". Nach einem Moment der Stille passiert oft etwas Unvorhergesehenes. Vielleicht sogar etwas, was die mitunter angespannte Situation auflockert. Auch ein herzhaftes Lachen kann Teil guter Kommunikation sein.

Laut werden?

Ernüchternd: Studien legen nahe, dass die **PSYCHISCHE GESUNDHEIT** von Jugendlichen, die mehr als zwei Stunden pro Tag in den sozialen Medien verbringen, darunter leidet.

Knapp **75 PROZENT** der 25- bis 44-Jährigen nutzen in Deutschland die sozialen Medien.

DRUCK, SICH MITZUTEILEN: Wenn man als Privatperson keine Profile in den sozialen Medien hat, gilt man als nicht mehr ganz up to date, als Geschäftsperson ohne Internetauftritt als geradezu fahrlässig. Und so sind viele damit beschäftigt, immer mehr Präsentationsformen zu bedienen und ihren „Wert" dort zur Schau zu stellen. Das übt Druck aus. Auf diejenigen, in deren Naturell Selbstdarstellung nicht angelegt ist, ebenso wie auf diejenigen, die sich besonders gut inszenieren möchten. Schlimmstenfalls findet man nur noch im Außen statt.

Leise Töne!

Deckt sich die virtuell erschaffene **IDENTITÄT** nicht mit der reellen oder verschwimmen die Grenzen, kann das psychische Probleme verursachen.

Ein **PROFIL** auf Social Media ist immer kuratiert! User können bestimmen, wie sie sich präsentieren, und sogar eine völlig neue Persönlichkeit erschaffen.

HÖREN SIE SICH SELBST! Zugegeben, es ist eine reelle Gefahr, dass Sie nicht gesehen werden, wenn Sie sich der Dauerpräsenz und der perfektionierten Selbstinszenierung verweigern. Doch Sie haben einen anderen Vorteil: Sie werden weniger gestresst und mehr bei sich sein.

Denn wenn Sie es schaffen, sich selbst gerecht zu werden und die eigene statt die (scheinbar) verlangte Lautstärke einzustellen, handeln Sie kongruent mit sich selbst. Das bedeutet, dass das, was Sie nach außen zeigen, mit Ihrem inneren Erleben übereinstimmt.

Korrelation oder sogar Kausalzusammenhang?
Eine Langzeitstudie der Universität Montreal hat gezeigt, dass die Nutzung von Social Media depressive Symptome bei Jugendlichen verstärken kann. Besonders tückisch ist der Vergleich mit scheinbar überlegenen Personen.

WIE SOZIAL SIND SOCIAL MEDIA?

Soziale Medien wie Facebook, Instagram oder TikTok können für Verbindung und Austausch sorgen. Sie sind aber auch bewusst so programmiert, dass wir uns ihnen kaum entziehen können – denn unsere Zeit und unsere Aufmerksamkeit sind lukrativ. Beobachten Sie aufmerksam, ob Ihnen die Nutzung von Social Media dienlich ist oder bei Ihnen letztlich nur für schlechte Stimmung sorgt. Seien Sie ehrlich mit sich und beachten Sie die folgenden Tipps, damit Ihre Seele keinen Schaden nimmt.

Suchtpotenzial (er)kennen

Posten Sie ein Foto auf Facebook und freuen sich erwartungsvoll auf (nicht über) Likes, wird der Neurotransmitter Dopamin ausgeschüttet. Das Problem dabei: Sie wollen immer mehr (siehe S. 96). Dieses nervöse Streben nach Anerkennung ist von den Betreibern sozialer Medien gewollt, ebenso wie die Angst, etwas zu verpassen (FOMO – Fear of missing out). Denn beides bindet uns an die Nutzung, auch wenn sie uns nicht guttut. Oft hilft deshalb nur: Bildschirmzeit begrenzen oder die Apps löschen.

Der Fassade nicht trauen

Wir haben uns mittlerweile so an den Anblick von strahlender, glatter Haut und vollen Lippen auf Social Media gewöhnt, dass wir häufig nicht mehr registrieren, dass dies NICHT die Realität abbildet, sondern dass das makellose Aussehen auf die Verwendung von Filtern zurückgeht. Gleiches gilt für scheinbar perfekte Wohnungen oder Urlaube. Nur, weil wir das Kinderspielzeug in der Ecke oder den Streit beim Dinner nicht sehen, heißt es nicht, dass diese Dinge nicht existieren. Wenn Sie bemerken, dass Sie sich ständig mit (vermeintlich) bessergestellten Personen vergleichen und sich nicht ausreichend abgrenzen können, entfolgen Sie den entsprechenden Profilen. Oder wieso sollten Sie Ihrer schlechten Laune derart auf die Sprünge helfen?

Machen statt zugucken Kennen Sie das? Sie suchen bei Instagram nach Inspirationen und sind angesichts der Tausenden Möglichkeiten so in den Bann gezogen und überwältigt, dass Sie gar nicht mehr wissen, wo Sie anfangen sollen? Im Extremfall führt das dazu, dass Sie anderen nur noch beim Leben zuschauen, anstatt Ihr eigenes zu gestalten, sich kreativ auszuleben und körperlich zu betätigen. Da hilft nur eins: Handy weglegen und machen! Am besten sofort und gerne zusammen mit real existierenden Freunden.

Immer dranbleiben?

53 % der Deutschen, die sich **HÄUFIG GESTRESST** fühlen, greifen nach dem Wachwerden als Erstes zu Smartphone oder Tablet. Ob da wohl ein Zusammenhang besteht?

Das blaue Licht technischer Geräte unterdrückt die **MELATONIN-PRODUKTION.** Genau die ist aber wichtig, damit das Einschlafen gelingt.

UNIVERSELLE ERREICHBARKEIT kostet nicht viel, hat aber ihren Preis. Wenn Sie auf alle Nachrichten schnell reagieren, zieht das für gewöhnlich weiteren Austausch nach sich und die Erwartung, dass Sie stets zügig antworten. Problematisch wird es, wenn Sie das Gefühl haben, sich dem nicht mehr entziehen zu können, und Schwierigkeiten haben, Wichtiges von Unwichtigem zu unterscheiden. Dann sind Sie leicht abgelenkt, fühlen sich getrieben und gereizt und finden keine Zeit, zur Ruhe zu kommen und Ihre Reserven aufzufüllen.

Auch mal abschalten!

Man muss das Smartphone nicht gleich aus dem Fenster werfen. **FESTE ZEITEN,** in denen man in den Flugmodus geht, reichen oft schon aus.

Laut Bitkom-Umfrage, wollte fast jeder zehnte Bundesbürger 2020 seinen **MEDIENKONSUM** bewusst einstellen. 24 % hatten das bereits zuvor erfolglos versucht.

INDIVIDUELLE RUHEPAUSEN gelingen auch ohne den Rückzug ins Kloster. Effektvoller als ein kurzweiliger Komplettverzicht von Smartphone und Co ist ohnehin eine an Ihre Bedürfnisse angepasste Nutzung. Dazu sollten Sie Zeiten in Ihren Alltag integrieren, in denen Sie nicht erreichbar sind – beispielsweise die erste Stunde nach dem Wachwerden oder die letzten zwei Stunden, bevor Sie ins Bett gehen. Gewöhnen Sie auch Ihre Freunde daran, dass Sie nicht immer gleich antworten und eine verzögerte Reaktion nicht als Ablehnung zu verstehen ist.

BEWUSST OFFLINE GEHEN

Social Media lässt uns neue Freundschaften knüpfen, Reiseziele auf der ganzen Welt kennenlernen, Gleichgesinnte finden, und ermöglicht uns, Kontakt über Zeitzonen und Landesgrenzen hinweg zu halten.

Aber hinter Social Media stehen große Konzerne, die ihre Apps ganz bewusst so programmieren, dass wir möglichst lange damit interagieren.

Instagram macht depressiv

Instagram etwa verschlimmere die Körperwahrnehmung bei einem von drei Mädchen, fördere Depressionen und Angstzustände. Sagt wer? Der Mutterkonzern Facebook selbst. Die internen Studien aus 2019 und 2020 gelangten im Herbst 2021 an die Öffentlichkeit und wurden vom Wall Street Journal veröffentlicht.

Denken Sie also daran: Weniger Zeit auf Social Media zu verbringen, nicht sofort zu antworten oder nicht jedes Foto zu liken, schadet dem Algorithmus – nicht Ihrer Freundschaft. Denn darauf kommt es schließlich an: auf menschliche Nähe und auf die eigenen Erfahrungen.

Mit allen Sinnen spüren

Unsere digitale Welt transportiert perfektionierte optische Eindrücke von Strand, gutem Essen und schönen Körpern. Von unseren Couches aus sehnen wir uns nach diesen Bildern, wollen daran teilhaben.

Dabei vergessen wir, wie toll der eigene Urlaub war. Spüren Sie einmal Ihrem letzten Sommerurlaub nach: wie der Lavendel geduftet hat, wie die neugierigen Möwen kreischten oder wie erfrischend das Glas Wasser nach der langen Wanderung war. Werden alle unsere Sinne angesprochen, fühlen wir eine Situation viel intensiver.

Echt und zum Anfassen

Sie kennen das Prinzip bereits: Hinterlassen Sie keine Lücke, sondern füllen Sie sie mit etwas anderem (siehe S. 60-61).

Statt abends auf Instagram durch den Feed zu scrollen, könnten Sie Schritt für Schritt Ihre nächste Reise planen, etwas Anspruchsvolles kochen oder Sport treiben. Digital Detox soll Ihnen helfen, Spaß machen und neue Kreativität wecken. Denn wenn Sie aktiv werden und etwas erschaffen, fühlt sich das nachhaltig gut an – im Gegensatz zur schnellen Befriedigung durch Social Media.

Beziehen Sie am besten auch Ihren Partner in diese neue Routine mit ein. So steigt die Chance, dass daraus langfristig neue Verhaltensmuster erwachsen.

DIGITAL DETOX

NEUN IDEEN für einen entspannteren Umgang mit Smartphone, Tablet und PC.

1. Going Oldschool
Überlegen Sie, welche Funktionen Sie durch klassische Helfer ersetzen können.

2. Klare Grenzen
Legen Sie als Paar oder Familie fest, wann das Smartphone tabu ist.

3. Routinen statt Regeln
Etablieren Sie wohltuende Routinen, statt sich harte Verbote aufzuerlegen.

4. Achtsamkeit
Atmen Sie, bevor Sie einen Anruf entgegennehmen, ganz bewusst einmal ein und aus.

5. Technikfreie Räume
Bestimmen Sie Räume oder Orte, an denen sich zu keiner Zeit technische Geräte befinden.

6. Detox-Apps
Klingt paradox, aber wenn Sie sehen, wie oft Sie online sind, setzt schnell ein Umdenken ein.

7. Bewusste Pausen
Legen Sie Aktivitäten fest, bei denen Sie bewusst auf digitalen Zeitvertreib verzichten.

8. Funktionen zuordnen
Nutzen Sie Ihr privates Smartphone nicht zum Abrufen geschäftlicher E-Mails.

9. Kein Second Screen
Wenn Sie digital unterwegs sind, nutzen Sie nicht zwei oder mehr Geräte gleichzeitig.

Mit Hirn?

Oft ist es die Angst vor der **SELBSTAUFGABE,** die uns daran hindert, den anderen und seine Sichtweise verstehen zu können.

Verstehen braucht **INFORMATIONEN.** Wenn wir gestresst sind, kann es schwerfallen, diese aufzunehmen!

„ICH VERSTEH DICH EINFACH NICHT!" ist wohl der Satz, der in der Paartherapie am häufigsten fällt. Und ganz ehrlich: Die meisten wollen den anderen gar nicht verstehen. Denn das würde bedeuten, dass die Andersartigkeit des Partners, die in dem Moment als Bedrohung erlebt wird, bleiben muss. Viele starten deshalb kräftezehrende Diskussionen, fordern Argumente und versuchen, den anderen von der eigenen Position zu überzeugen. Hinter dem Vorwand, den anderen doch nur verstehen zu wollen, steckt eigentlich der Kampf ums Rechthaben.

Mit Herz!

Verstehen im Sinne der Informationsbeschaffung kann die Vorstufe von **VERSTÄNDNIS** sein, muss es aber nicht.

FÜHLEN STATT DENKEN: Beim Verständnis geht es nicht um ein inhaltliches Begreifen von Sachverhalten, sondern um die Fähigkeit, den anderen auf emotionaler Ebene zu verstehen und seine Gefühle zu validieren. Versuchen Sie, sich in Ihren Partner hineinzuversetzen und Empathie zu zeigen. Dadurch gehen Sie eine Verbindung ein, die es Ihrem Gegenüber erlaubt, so sein zu dürfen, wie er ist. Bei der Umsetzung im Alltag kann die Gewaltfreie Kommunikation nach Marshall B. Rosenberg (siehe S. 182) unterstützend sein.

DEM ANDERSSEIN BEGEGNEN

Die Angst vor dem Fremden ist instinktiv. Schließlich könnte es sich um eine Bedrohung handeln (S. 10), das Grundbedürfnis nach Orientierung und Kontrolle ist gefährdet. Wir tendieren deshalb dazu, unruhig zu werden, wenn ein uns vertrauter Mensch plötzlich neue Züge zeigt oder andere Meinungen vertritt. Wir werden unsicher: Entfremdet sich diese Person von mir? Kann ich da mithalten? Muss ich das jetzt auch gut finden? Eine erste Reaktion, dieser Unsicherheit auszuweichen, ist die Ablehnung des Unbekannten. Ähnliches passiert, wenn wir einer Person begegnen, die wir noch nicht kennen und die anders ist als alle, die wir bisher kennengelernt haben.

Warum macht das Andere Angst?

Evolutionsbiologisch betrachtet, geht es in der Ablehnung oder der Beäugung des Andersartigen darum, überlebensnotwendige Ressourcen zu sichern. Aus einem Konkurrenzdenken heraus entwickelt sich Misstrauen und aus dem Misstrauen die Ablehnung des Fremden.

Aus psychologischer Sicht ist die Ablehnung und damit die Abwertung des Andersartigen außerdem eine Methode, das eigene Selbstwertgefühl zu erhöhen. Wenn Sie den Nachbarn doof finden, weil er die Vorhänge im Gegensatz zu Ihnen auch tagsüber geschlossen hält, werten Sie sich als Menschen auf.

Nutzen Sie Ihre Neugier!

Sie möchten wissen, was Sie tun können, um dem Unbekannten mit mehr Offenheit gegenüberzutreten? Nutzen und schulen Sie Ihre Neugier! Ebenso wie Menschen argwöhnisch gegenüber dem Andersartigen sind, sind sie seit jeher neugierig und interessiert. Ein etwas skurriles Experiment hat das veranschaulicht: Zwei Forscher haben Testpersonen an einen Tisch mit Kugelschreibern gesetzt und sie warten lassen. Allerdings nicht, ohne vorher darauf hinzuweisen, dass einige dieser Kugelschreiber bei Berührung Stromschläge auslösen. Besonders Männer waren daran interessiert, die Ungewissheit aufzulösen und trotz erwartbarer schmerzhafter Konsequenzen herauszufinden, um welche Kugelschreiber es sich handelt – obwohl diese Information keinerlei Nutzen für sie bereithielt.

Andere annehmen wie sie sind

Wir möchten Sie nicht ermutigen, Ihrer Neugier ungeachtet aller Konsequenzen zu folgen und sich in Gefahr zu bringen. Aber die folgenden sechs Tipps können Ihnen dabei helfen, Ihrem Partner, Ihren Kolleginnen, Ihrem Kind oder gänzlich unbekannten Personen offener zu begegnen, als Sie es bisher getan haben.

MIT DEN AUGEN EINES KINDES

Versuchen Sie, großzügig und unvoreingenommen zu sein. Denn wenn Sie kleinlich sind und an Vorurteilen festhalten, werden Sie die Werte des anderen nur schwer erkennen können. Versuchen Sie, die Welt und das Unbekannte durch staunende Kinderaugen zu betrachten. Wenn Ihr Partner also sagt: „Ich finde Fernbeziehungen eigentlich ganz gut", denken Sie nicht gleich: „Na, das ist ja klar, dann kann er endlich machen, was er will", sondern fragen Sie eher: „Oh, das ist ja interessant. Welche Aspekte daran gefallen dir und wieso?"

NICHT LÄSTERN

Reden Sie nicht schlecht über Menschen, die Ihnen Vertrauen entgegengebracht haben – auch wenn diese davon nicht erfahren werden. Auf Dauer wird das negative Beurteilen von anderen zur Angewohnheit und verstärkt zudem Ihr Misstrauen. Denn wer lästert, geht meist davon aus, dass andere über einen selbst ebenso sprechen.

SEIEN SIE GEDULDIG

Beschäftigen Sie sich mit dem Unbekannten – ob es sich nun um eine Person, ein Hobby oder eine Meinung handelt.

Stellen Sie Fragen, sammeln Sie Wissen. Je mehr Sie wissen, desto vertrauter wird Ihnen die Person oder die Materie. Nehmen Sie sich ausreichend Zeit dafür und kommunizieren Sie so, dass der andere sich gehört und gesehen (S. 182, Gewaltfreie Kommunikation) fühlt, anstatt nicht geachtet oder in eine Ecke gedrängt.

SEIEN SIE SELBSTKRITISCH

Reflektieren Sie Ihre Erfahrungen mit der entsprechenden Person. Wenn Sie Situationen mit ein wenig Abstand betrachten, sehen Sie, was Sie vielleicht falsch interpretiert haben oder was Ihnen entgangen sein mag. Korrigieren Sie Ihre Sichtweise.

SORGEN SIE GUT FÜR SICH

Achten Sie darauf, dass Sie genug geschlafen und gegessen haben. Wer ausgeruht und satt ist, dem fällt es leichter, anderen offen und gelassen zu begegnen. Auch das Nervenkostüm ist weniger dünn.

SIE SELBST SEIN

Verständnis für Andersartigkeit aufzubringen tut doppelt gut. Denn damit nehmen Sie die Haltung ein, dass jeder sein darf, wie er ist. Einschließlich Sie selbst! Sie müssen sich nicht verstellen oder irgendwelchen Ansprüchen genügen, um wertgeschätzt zu werden. Auch Sie können einfach so sein, wie Sie sind. Ist dieser Gedanke nicht unfassbar wohltuend?

Große Klappe?

RAUS DAMIT! Diese Devise wird flächendeckend als gelungene Kommunikation verstanden. Dabei wird allerdings wenig über das „Wie" gesprochen.

Das Sprichwort „Ehrlich währt am längsten" ist nicht verkehrt. Doch sollte die **FORM** ebenso wichtig genommen werden wie der Inhalt.

DIE 80-ZU-20-REGEL: Haben Sie sich schon mal dabei ertappt, wie Sie sich gedacht haben, „Jetzt bin ich mal ganz offen"? Ein aufrichtiges Gespräch zu führen, ist niemals eine schlechte Idee. In der Realität sind bei Anfällen von Ehrlichkeit jedoch nur 20 Prozent inhaltlich relevant, die restlichen 80 Prozent sind schonungslose Vorwürfe. Es wird verletzt, abgewertet und eine Armada von Anschuldigungen abgefeuert. Das fördert leider nicht die Kommunikation, höchstens insoweit, als dass das Gespräch in eine handfeste Eskalation mündet.

Große Ohren!

Im kommunikativen Miteinander geht es nicht nur um das Lösen von Konflikten, sondern auch um einen wertschätzenden **UMGANG**, der Freude macht.

Im Handlungskonzept der **GEWALTFREIEN KOMMUNIKATION** (GFK) nach Marshall B. Rosenberg ist eine zentrale Frage: „Was brauchst du?"

BEIM ANDEREN SEIN, STATT NUR BEI SICH: Zuhören wird oft als ein passiver Akt beschrieben. Dabei ist es ein höchst konzentrierter Vorgang. Denn es geht darum, sich selbst zurückzunehmen und Platz für den anderen zu machen. Dadurch vermitteln Sie, dass Sie sich für das, was Ihr Gegenüber zu sagen hat, interessieren und seine Bedürfnisse wahrnehmen. Einfach mal zuhören, statt direkt etwas entgegenzusetzen, ist ein gelungener Baustein einer vertrauensvollen Beziehung. Und dazu muss man nicht einmal einer Meinung sein.

Aufgepasst!
Es gibt gute Gründe, seinen eigenen Stress und seine Unzufriedenheit nicht ungefiltert weiterzugeben. Denn es besteht die Gefahr, mehr kaputt zu machen, als einem lieb ist.

„SO REDEST DU NICHT MIT MIR!"

Im Affekt sagen oder tun wir manchmal Dinge, die den Stresspegel nur noch weiter in die Höhe treiben. Statt einen Konflikt zu entschärfen, gießen wir Öl ins Feuer. Das kann gerade in Partnerschaften fatal sein. Der amerikanische Psychologe John Gottman hat die Kommunikation von Paaren untersucht und fünf Verhaltensweisen identifiziert, die den Fortbestand einer langfristig verbindlichen emotionalen Beziehung gefährden. Er nennt sie die vier Apokalyptischen Reiter der Paarbeziehung.

Apokalyptische Reiter?

Die Bezeichnung legt es bereits nahe: Wenn die Reiter auftauchen, ist das Ende der Beziehung oft nicht mehr weit. Gottman beobachtete in seinem Labor eine sehr hohe Trennungswahrscheinlichkeit von Paaren, bei denen folgende Kommunikationsformen vorherrschten:

1 Kritik
Hierzu gehören Schuldzuweisungen und Angriffe, die auf die gesamte Persönlichkeit des Partners zielen – häufig in Form absoluter Aussagen: „Du machst nie.", „Du machst immer." (S. 181)

2 Verteidigung
Auf Kritik wird mit Rechtfertigungen oder mit der Herabsetzung des anderen reagiert. Bei diesem Schutzverhalten wird Verantwortung abgelehnt und die Schuld dem Partner zugewiesen: „Ich kann nichts dafür, wenn du …"

3 Verachtung
Wenn Kritik sich wiederholt und man den Respekt vor dem Partner verliert, verwandelt sich die frühere Bewunderung in Geringschätzung und Abwertung. Die Idee von moralischer Überlegenheit drückt sich beispielsweise durch sarkastische Bemerkungen, durch Stöhnen oder Augenrollen aus: „Das passt zu dir …" oder „Du hast doch keine Ahnung."

4 Rückzug
Gottman nennt die Verweigerung von Kommunikation auch „Mauern". Die Partner ziehen sich körperlich und mental voneinander zurück. Man verlässt den Raum oder zeigt sich demonstrativ mit etwas anderem beschäftigt. Es herrscht Schweigen.

Wie Sie die Reiter stoppen

Gottman empfiehlt, dass das Verhältnis von Zeichen der Zuneigung zum Auftauchen der Apokalyptischen Reiter bei etwa 5:1 liegen soll. Also nicht fünfmal meckern und einmal loben, sondern genau umgekehrt. Gehen Sie mit Gesten der Wertschätzung ruhig verschwenderisch um!

Gewusst wie!
Wenn Sie wissen, wie Sie etwas
verursachen, dann können
Sie es auch leichter lassen!

WIE ENTSTEHT EIN KONFLIKT

Der Psychologe Marshall B. Rosenberg wuchs zur Zeit der großen Rassenunruhen in den USA auf. Angesichts dieser Spannungen wollte er herausfinden, wie sich Menschen zukünftig friedvoll verständigen können, und entwickelte die „Gewaltfreie Kommunikation". Zunächst befasste er sich jedoch mit den universellen Ursachen von Streit.

1 Verallgemeinerungen
Sobald jemand Kritik an Ihnen übt, die sich nicht konkret auf eine bestimmte Situation bezieht, sondern einem umfassenden (negativen) Urteil über Ihre Person gleichkommt, sinkt vermutlich Ihre Bereitschaft zur Kommunikation. Auch, weil Sie eine solche Kritik oft nur schlecht nachvollziehen können und sich abgewertet fühlen.

2 Objektiv scheint subjektiv
Auch wenn Ihr Gegenüber sich um Objektivität bemüht: Die Gewohnheit, die Beschreibung einer Situation mit der eigenen Bewertung zu koppeln, führt schnell zu Unsachlichkeit. Und die macht es Ihnen nicht unbedingt leicht, aufgeschlossen zuzuhören.

3 Vorwürfe statt Wünsche
Selbst wenn Sie großes Interesse daran haben, Ihrem Gegenüber zuzuhören, um ihm entgegenzukommen: In der Regel führen bereits leise Vorwürfe zu dem Wunsch, sich rechtfertigen zu wollen. Und in einer solchen Situation ist es nicht mehr sehr wahrscheinlich, dass Sie empathisch und kooperativ auf Bitten eingehen möchten.

Die Klippen umschiffen
Wahrscheinlich können Sie leicht nachempfinden, wie Sie sich in die Ecke gedrängt fühlen, wenn die Kommunikation Ihres Gegenübers von diesen drei beschriebenen Faktoren geprägt ist. Denn es gibt nur wenige Möglichkeiten, auf das Gesagte einzugehen, ohne einen Streit loszutreten. Das kann stressen und zu Affekthandlungen führen. Die Lösung: Langsam werden! Schaffen Sie eine Pufferzone zwischen dem Stress auslösenden Reiz (z. B. verallgemeinernde Kritik) und Ihrer Reaktion (z. B. Bitte um Konkretisierung).

Erkennen und ändern Beobachten Sie einmal, wann, wie häufig und wem gegenüber Sie selbst verallgemeinernde Kritik üben, Vorwürfe machen oder unsachlich werden. Vielleicht immer dann, wenn Sie mit Ihrer Mutter sprechen oder im Kontakt mit Kollegen? Denn wenn Sie die kritischen Situationen kennen, ist es in Zukunft einfacher, bewusster zu agieren.

GEWALTFREIE KOMMUNIKATION

Bei dem von Rosenberg entwickelten Handlungskonzept geht es darum, verbale Gewalt zu vermeiden. Anstelle von Vorwürfen und Anschuldigungen stehen die eigenen Bedürfnisse und Wünsche im Fokus des Gesprächs.

Genau hinschauen

Der erste Schritt ist, überhaupt herauszufinden, was Sie ansprechen möchten. Das hilft Ihrer eigenen Klarheit, sodass Sie Ihrem Gegenüber wirklich das mitteilen können, worum es Ihnen geht. Für ein konstruktives Gespräch ist es notwendig, konkret wiedergeben zu können, was vorgefallen ist. Wie hat eine Handlung oder eine unterlassene Handlung auf Sie gewirkt und welche Gefühle hat das bei Ihnen ausgelöst?

Beobachtung

Was ist genau passiert? Beschränken Sie sich zunächst auf die Beschreibung, was konkret getan oder unterlassen wurde.

Wie geht das? Beschreiben Sie nur, was eine Videokamera aufgenommen hätte oder was auf einem Tonbandmitschnitt zu hören (oder nicht zu hören) gewesen wäre. So vermeiden Sie die persönliche Interpretation des Geschehenen und verzichten auf mögliche Unterstellungen. Die tatsächliche Absicht des anderen ist nämlich nicht auf einer Aufnahme zu entdecken, sondern kennt nur das Gegenüber selbst.

Nützliche Formulierungen:

Als du heute morgen gesagt hast, ...

Wenn ich sehe, dass ...

Gefühl

Wie habe ich mich gefühlt? Welches Gefühl hat die Beobachtung in Ihnen ausgelöst? Je genauer und spezifischer Sie sind, desto hilfreicher ist das für Ihr Gegenüber. „Gut" oder „schlecht" alleine sagt noch nicht viel aus. Benutzen Sie Grundgefühle wie froh, traurig, ängstlich oder wütend.

Wie geht das? Ein Gefühl hat nur mit Ihnen zu tun. Gedanken machen Sie sich über andere. Wenn Sie sagen: „Ich fühle mich von dir verletzt", sind Sie schon nicht mehr bei einem persönlichen Gefühl, sondern bereits bei einer Schuldzuschreibung.

Nützliche Formulierungen:

... dann fühle ich mich froh / traurig / wütend / ängstlich ...

Bedürfnis

Was brauche ich? Äußern Sie, welches Bedürfnis Sie erfüllt wissen möchten, z. B. körperliches Wohlbefinden, Verbindung, Autonomie oder Liebe.

Wie geht das? Es ist wichtig, die universellen Bedürfnisse von spezifischen Strategien zu unterscheiden. „Ins Kino gehen" zum Beispiel ist eine spezifische Strategie, um das universelle Bedürfnis nach Unterhaltung zu befriedigen. Nach Rosenberg können die jeweiligen Strategien von Kommunikationspartnern gegensätzlich sein. Die dahinter stehenden Bedürfnisse sind es nicht.

Nützliche Formulierungen:

... weil ich Aufmerksamkeit / Zuneigung / Unterstützung brauche.

Bitte

Was wünsche ich mir? Jetzt kommt Ihre Bitte um eine konkrete Handlung in dieser Situation oder ein Wunsch für zukünftiges Verhalten. Spezifische Bitten sind häufig erfolgreicher als allgemeine Wünsche.

Wie geht das? Formulieren Sie positiv (siehe S. 57)! Bei einer Bitte oder einem Wunsch geht es nicht nur darum, was der andere unterlassen soll. Sagen Sie also nicht (nur), was Sie nicht mehr erleben wollen, sondern sprechen Sie auch aus, welches Verhalten oder welche Handlung Sie sich vom anderen wünschen. Das führt auch eher zum Erfolg!

Nützliche Formulierungen:

... Deshalb bitte ich dich ...

... ich wünsche mir von dir ..."

Kraft der Gewohnheit

Anfangs mag es etwas holprig klingen, wenn Sie die Gewaltfreie Kommunikation in Ihren Alltag integrieren. Denn statt Impulsen zu folgen, hinterfragen Sie zunächst Wortwahl und Satzbildung. Mit der Zeit werden Sie die Grundsätze jedoch immer mehr verinnerlichen und trainieren Ihre Aufmerksamkeit für mögliche Stolpersteine in der Kommunikation.

Was sind die Grenzen?

Die beste Formulierung garantiert noch nicht, dass Ihr Gegenüber (sofort) bereit ist, Ihren Wünschen nachzukommen. Aber er hat nun immerhin die Chance, auf Ihre Bedürfnisse einzugehen oder seine Sichtweise zu schildern. So gelingt ein konstruktiver Austausch auf Augenhöhe, der Verbindung schafft.

Immer oder nie?

Trauen Sie sich, konkret und in Ich-Botschaften zu sagen, was Sie wollen? Oder verstecken Sie sich lieber hinter **„MAN" UND „ES"**, um Ablehnung zu vermeiden?

Wählen Sie vielleicht manchmal eine **PAUSCHALAUSSAGE,** weil Sie Ihrem Gegenüber verdeutlichen möchten: Es ist wirklich dringend, dass sich etwas ändert?

„NIE HÖRST DU ZU", „Immer vergisst du Termine"... hinter Sätzen wie diesen muss keine böse Absicht stehen, trotzdem entfachen sie in den meisten Fällen Streit. Denn Pauschalaussagen sind Gift für eine respektvolle Kommunikation und fast immer verletzend. Dass jemand wirklich nie zuhört, ist höchst unwahrscheinlich. Ein solcher Vorwurf ist also keine objektive Beobachtung, sondern ein subjektives Urteil, in dem das Gegenüber seine sonstigen Bemühungen nicht wiederfindet. Reagiert wird mit Rechtfertigungen oder einem Gegenangriff.

Gestern Abend!

Das Gute am **KONKRETEN** ist, dass auch Sie selbst nachdenken müssen, worum es Ihnen genau geht!

Je **SPEZIFISCHER** Ihre Bitte, desto eher kann der andere Ihnen Ihren Wunsch erfüllen. All diese Grundsätze gelten übrigens auch bei der Kommunikation mit Kindern.

„ALS ICH GESTERN von meinem Tag erzählt habe und du nicht von deinem Buch aufgesehen hast, habe ich mich traurig gefühlt. Weil ich Austausch und Zuneigung brauche, wünsche ich mir, dass wir abends einander fragen, wie es uns geht, und andere Tätigkeiten für den Moment ruhen lassen." Je gezielter Sie den Scheinwerfer auf eine Situation richten, desto deutlicher wird Ihrem Gegenüber, worum es wirklich geht. Er kann Ihrem Wunsch nachkommen oder mit Ihnen verhandeln und wird sich als Person weiterhin wertgeschätzt fühlen.

Lohnt sich doppelt!
Eine gelungene Entschuldigung
senkt nicht nur den Stress Ihres
Gegenübers, sondern zahlt
darüber hinaus auch direkt
auf Ihren Selbstwert ein.

DIE KUNST DER ENTSCHULDIGUNG

Passiert es Ihnen häufiger, dass Sie sich für ein Verhalten entschuldigen, für das Sie bereits vor nicht allzu langer Zeit um Verzeihung gebeten haben? Sind Sie überhaupt daran interessiert, wirklich etwas zu verändern, damit das nicht mehr vorkommt? Falls ja, lohnt sich ein Blick auf die vier Schritte einer gelungenen Entschuldigung, die im Gegensatz zu einem schnellen „Oh, sorry" garantiert einen Unterschied macht.

Und so geht's Eine Entschuldigung, die ankommt, folgt einer bestimmten Dramaturgie. Ein dahergesagtes „Tut mir leid" ist wenig glaubhaft und hilft dem anderen nicht dabei, Ihnen wieder zu vertrauen. Anders, wenn Sie diese vier Schritte berücksichtigen:

1 **Zeitrahmen** Ihre Entschuldigung sollte nicht mit folgendem Satz beginnen: „Es tut mir leid, dass ich immer …" Denn „immer" setzt sich auch in der Zukunft fort. Beziehen Sie Ihre Entschuldigung auf vergangenes Verhalten. Damit signalisieren Sie auch sich selbst: Das war früher, das liegt hinter mir.

2 **Präzision** Wenn Sie für etwas um Verzeihung bitten, wählen Sie möglichst einen genau beschreibbaren Vorfall. Teilen Sie Ihrem Gegenüber mit, welches konkrete Verhalten Sie bei sich selbst beobachtet haben und entschuldigen möchten. Bleiben Sie dabei bei sich: Was immer der andere selbst falsch gemacht haben mag, sollte bei Ihrer Entschuldigung keine Rolle spielen. Denn die beste Entschuldigung verpufft, wenn Sie dem anderen gleichzeitig einen Vorwurf machen.

3 **Gefühle** Erklären Sie dem anderen, wie Sie sich bei dem Vorfall gefühlt haben. Übernehmen Sie Verantwortung für die Unzufriedenheit mit Ihrem eigenen Verhalten in der entsprechenden Situation.

4 **Veränderung** Teilen Sie Ihrem Gegenüber mit, wie Sie sich in Zukunft in ähnlichen Situationen stattdessen verhalten möchten.

Glaubhaft und zielführend
Eine derart aufgeschlüsselte Entschuldigung gibt dem Empfänger das klare Signal: „Ich habe verstanden, dass mein Verhalten aus den und den Gründen nicht in Ordnung war." Sie teilen sich und dem anderen mit, dass Sie mit Ihrer zurückliegenden Verhaltensentscheidung nicht glücklich sind und was genau Sie in Zukunft anders machen können und möchten. Das macht Ihre Entschuldigung glaubhaft – für Sie und für Ihr Gegenüber.

Befinden Sie sich gerade an einem Wendepunkt in Ihrem Leben? Oder haben Sie das Gefühl, schon länger nur auf der Stelle zu treten? Werden Sie unruhig bei dem Gedanken, wie es weitergehen soll? Oder suchen Sie nach neuen Impulsen? Wo auch immer Sie sich gerade befinden: Dieses Kapitel hilft Ihnen, voller Zuversicht in die Zukunft zu blicken, und ermutigt Sie, groß zu denken.

Und jetzt?

GELASSEN IN DIE ZUKUNFT

Bevor Sie dieses Buch beiseitelegen, möchten wir einen Blick in die Zukunft wagen, oder genauer noch: einen Blick in die Zukunftsgestaltung. Wie soll es weitergehen? Wie möchte ich, dass es weitergeht? Und wie kann ich das wissen?

Auf den folgenden Seiten finden Sie Anregungen, wie Sie diese Fragen für sich klären können, ohne den Verstand zu verlieren oder in eine Sinnkrise zu geraten. Sie werden lernen, wie Sie Ihre im Kopf wild umherschwirrenden Ideen am besten ordnen und wie Sie sich dank erprobter Techniken dem konkreten Bild einer Zukunft nähern.

Extra-Tipp: Sie empfinden Ihr Leben als ideenlose Steppe und schauen sehnsüchtig auf die Möglichkeiten von Kollegen und Freunden? Seien Sie versichert: Auch Sie können und dürfen Träume haben und sind nicht dazu verdonnert, dass alles so bleibt wie es gerade ist. Wie Sie Ihrer Vorstellungskraft etwas auf die Sprünge helfen, lesen Sie ab S. 62.

Sorge vor dem, was kommt

Oft wird der Blick in die Zukunft von einer diffusen Angst und negativen Glaubenssätzen wie „Das wird doch eh nichts" begleitet. Sollten Sie das Gefühl haben, dass Sorgen dieser Art Sie davon abhalten, Ihr Leben nach Ihren Wünschen zu gestalten, sollten Sie zunächst versuchen, Ihr Selbstwertgefühl zu stärken (siehe S. 108). Denn Sie haben es verdient, mutige Versuche zu unternehmen und Neues zu wagen! Worüber haben Sie Kontrolle?

Wenn es um die Zukunftsgestaltung geht, sollten Sie sich vor allen Dingen vorher klarmachen, worüber Sie Kontrolle haben und worüber nicht. Zum Beispiel können Sie nicht (allein) beeinflussen, inwiefern sich das Klima verändert oder nicht. Sie können sich aber dazu entscheiden, für bestimmte Gesetze zu protestieren oder Ihren Konsum Ihren persönlichen Überzeugungen anzupassen. Und für all die Dinge, die außerhalb Ihrer Kontrolle liegen, gilt: Loslassen und akzeptieren lernen. Denn alles andere ist eine Verschwendung Ihrer Energien und macht nur unglücklich.

Aktiv werden

Haben Sie das Gefühl, keinen Handlungsspielraum zu haben? Woran liegt das genau? Welche Aspekte Ihrer Situation können Sie beeinflussen? Und wieso haben Sie das bisher nicht getan? Wenn Sie erkennen, was Sie selbst unternehmen können, um eine Veränderung Ihrer Umstände herbeizurufen, werden Sie sich weniger hilflos fühlen – auch, wenn Sie sich letztlich gegen eine Veränderung entscheiden. Deshalb gilt:

Wenn Sie ein diffuses Angstgefühl überkommt, versuchen Sie, die auslösende Situation in ihre Einzelteile zu zerlegen und die Angst konkret zu benennen. Dadurch wird das Schreckgespenst kleiner – und vor allem: Sie können ihm begegnen!

Unendliche Möglichkeiten

Während in früheren Jahrhunderten das Leben eines Menschen schon bei seiner Geburt mehr oder minder vorgezeichnet war, können wir rein theoretisch alles werden und alles sein. Obwohl es noch immer Strukturen gibt, die viele Menschen diskriminieren und ihnen das Erreichen ihrer Ziele erschweren, haben sich die Auswahl- und Entwicklungsmöglichkeiten für jeden Einzelnen enorm vervielfacht.

Was viele im ersten Moment jubeln lässt, kann auch total blockieren. Denn wie soll man sich bloß entscheiden? Womit soll man beginnen? Zur bekannten Qual der Wahl gesellt sich gerne die innere Kritikerin, die uns dafür abwertet, nicht in der Lage zu sein, eine gute Entscheidung zu treffen. Ganz schön stressig, oder? Machen Sie sich bewusst, dass Sie selbst dann Entscheidungen treffen, wenn Sie scheinbar keine treffen, und nur auf das reagieren, was passiert. Vielleicht fällt es Ihnen so leichter, Ihre Zukunft aktiv zu gestalten. Und wenn Sie das Gefühl haben, in einem Dilemma zu stecken, haben wir hier eine kleine Hilfestellung:

DAS ENTSCHEIDUNGS-EINMALEINS

1. Mögliche Alternativen finden
Um welche Entscheidung geht es? Welche Wahlmöglichkeiten stehen Ihnen zur Verfügung? Benennen Sie alle und schreiben Sie sie auf.

2. Informationen sammeln
„Was für Vorteile hat A? Welche Risiken hat B?" Vielleicht kennen Sie auch jemanden, der Ihnen mehr zu den entsprechenden Wahlmöglichkeiten sagen kann?

3. Möglichkeiten bewerten
Nutzen Sie die gesammelten Informationen, um die Wahlmöglichkeiten nach Ihren Kriterien zu bewerten: „Möglichkeit A bringt mir zwar mehr Sicherheit, aber Möglichkeit B macht mir einfach mehr Spaß und das ist mir in dem Fall wichtiger!"

4. In die Tat umsetzen
Formulieren Sie eine Handlungsabsicht, die dann auch als Entscheidung gilt. Vereinbaren Sie außerdem mit sich selbst einen Zeitpunkt, ab dem die Entscheidung final ist und Sie nicht weiter abwägen. Denn nichts stresst mehr, als immer wieder die eigene Entscheidung zu hinterfragen.

Achtung: Natürlich gibt es auch Situationen, in denen man sogenannte Ambiguitätstoleranz braucht, in denen das eine und das Gegenteil „richtig" sind.

Geld auf dem Konto?

Inflation ist ein anderes Wort für **GELDENTWERTUNG,** die durch das Ansteigen des Preisniveaus für Produkte entsteht.

Die Sparmotive der Deutschen teilen sich fast 50:50 auf: Etwa die Hälfte spart für Konsumgüter und die andere Hälfte für die **ALTERSVORSORGE.**

GELDSORGEN VERURSACHEN STRESS. Ein kleines finanzielles Polster auf dem Konto mag Unwägbarkeiten wie die kaputte Waschmaschine abfedern, fürs Alter reicht das aber nicht. Auch das von Oma angelegte Sparkonto ist keine gute Idee. Denn durch die Inflation wird das Geld über die Jahrzehnte schleichend weniger. Rechnen Sie selbst: Bei einer Inflationsrate von rund 2 % pro Jahr werden heute 1 000 € in 35 Jahren nur noch eine Kaufkraft von etwa 500 € haben. Was heute 1 000 € kostet, wird in 35 Jahren wahrscheinlich etwa 2 000 € kosten.

Geld im Pantoffel!

Ist Glück doch käuflich? Je mehr die Menschen verdienen, desto **ZUFRIEDENER** sind sie, sagt eine aktuelle amerikanische Studie.

In **FINANZTEST** und auf unserer Website test.de/pantoffel-portfolio erfahren Sie alles zum individuellen Sparplan.

GELD MACHT GLÜCKLICH – das ergeben sogar neueste Studien. Wer vorsorgt, blickt gelassener auf die Gegenwart und den kommenden Ruhestand. Sie müssen nicht heute reich sein – sorgen Sie nur dafür, dass Sie es morgen sind: Legen Sie einen monatlichen Sparbetrag nach dem bewährten Prinzip des Pantoffel-Portfolios von Finanztest an. Dabei fließt ein Teil in den Renditebaustein, etwa ein ETF, und der andere in den Sicherheitsbaustein wie etwa Festgeld. Sparrate und Gewichtung legen Sie selbst fest, bis es so perfekt passt wie Ihr Pantoffel.

Designe dein Leben

KEINE SCHNELLEN ENDLÖSUNGEN! Warum das aus der Unternehmenswelt bekannte Prinzip „Design Thinking"nicht auf das eigene Leben übertragen?

1. Einfühlen

„Was sagt mein Gefühl? Was brauche ich? Was fehlt mir im Leben? Wohin sehne ich mich?"

3. Ideen finden

Brainstormen Sie ohne Scheu, nichts ist falsch, alles ist erlaubt! Schreiben Sie zunächst alles auf Post-its auf, dann priorisieren Sie.

2. Definieren

„Was genau möchte ich erreichen? Was könnten Hindernisse und Herausforderungen sein? Was gibt es für Erfahrungswerte?"

5. Testen!
Erzählen Sie anderen davon!
Was fällt Ihnen selbst auf?
Arbeiten Sie alle Erkenntnisse
ein, um Ihren „Zukunfts-
entwurf" zu verfeinern.

4. Entwerfen
Kreieren Sie Ihre Zukunft als
Moodboard, Collage oder
Scribble. Halten Sie das so
einfach wie möglich!

WAS BRAUCHE ICH?

Design Thinking kommt aus der
Produktentwicklung. Im We-
sentlichen geht es dabei darum,
nicht zu schauen, was es für
Probleme gibt, sondern zu
überlegen, welche Bedürfnisse
vorhanden sind. Es handelt sich
um ein relativ neues, aber be-
liebtes Verfahren, denn es ver-
meidet zwei häufige Fehler:
1. Sie sind so in die Lösungsfin-
dung vertieft, dass am Ende
zwar das Problem gelöst
scheint – Sie haben eine Zukunft geplant –, nur leider geht
es komplett an Ihren Bedürfnissen vorbei.
2. Ideen werden ganz fein aus-
gearbeitet und am Ende stellt
sich kurzerhand heraus, dass
die Idee gar nicht tragfähig ist.
All die Arbeit war umsonst.

Dank der fünf Schritte des Design Thinking können Sie viel
früher erkennen, wenn etwas
an Ihrer Vision nicht passt. Und:
Sie haben die ganze Zeit Ihre
Bedürfnisse im Blick und können jederzeit zurückrudern, ohne bei null anzufangen. Schnap-
pen Sie sich Blätter, Post-its und
Stifte und legen Sie einfach los!

Richtig ankern

„Verankern" Sie erwünschte Gefühlszustände mit einem gewählten Auslöser. Klingt kompliziert? Rechts erklären wir, wie's geht.

ANKER INS GLÜCK WERFEN

Die Zukunft aktiv gestalten: leichter gesagt als getan? Das „Ankern" hilft Ihnen dabei. Die Methode basiert auf dem Neuro-Linguistischen-Programmieren, kurz NLP. Einfach erklärt, geht es beim NLP darum, dass Sie Ihre Denkstrukturen erkennen und sie zu Ihrem Nutzen ändern – Ihr Denken neu programmieren. Die NLP-Ankerung erfolgt durch die Verknüpfung von körperlicher Berührung mit einem Gefühl oder Verhalten, über das Sie verfügen möchten.

Das steckt dahinter
Nehmen wir an, Ihr Ziel ist es, bei Präsentationen selbstbewusster aufzutreten. Ein NLP-Anker kann Ihnen Zugang zu dem Selbstvertrauen verschaffen, das Sie in anderen Situationen durchaus haben, das Ihnen bei Präsentationen aber aktuell nicht zur Verfügung steht. So geht's:

1 **Bestimmen Sie,** welches Gefühl oder Verhalten Sie erreichen wollen, z. B. bei Präsentationen im Job selbstbewusster aufzutreten.

2 **Erinnern Sie sich** an eine Situation, in der Sie sich richtig selbstbewusst gefühlt haben. Entspannen Sie sich und lassen Sie die Erinnerung kommen.

3 **Wählen Sie** dann ein Körperteil bzw. eine Berührung, den sogenannten Anker, aus – z. B. die Berührung von Daumen und Zeigefinger oder das Drücken Ihres linken Knies.

4 **Intensivieren Sie** die Erinnerung. Was haben Sie gehört, gesehen und gefühlt? Versetzen Sie sich in die Situation, als würden Sie sie noch einmal erleben. Spüren Sie, wie das Gefühl von Selbstbewusstsein wächst, und aktivieren Sie Ihren Anker. Wenn Ihr Selbstbewusstsein wieder nachlässt, lösen Sie die Berührung.

5 **Testen Sie** Ihren Anker, indem Sie kurz auf die ausgewählte Körperstelle drücken. Fühlen Sie sich selbstbewusst, funktioniert der Anker. Sie können ihn jederzeit anwenden und natürlich zwischendurch immer mal wieder „auffrischen".

Oder nicht?! Der Anker wird nicht immer funktionieren. Wenn Sie große Angst haben, wird die vermutlich stärker sein als Ihr Anker. Das heißt aber nicht, dass Ankern generell Quatsch ist. Es ist nur eben kein Allheilmittel für Ihre gefürchtetsten Situationen. NLP hat wie so viele hilfreiche Methoden ihre Grenzen. Loten Sie sie aus!

ZIELE SCHRITT FÜR SCHRITT UMSETZEN

Ideenlosigkeit ist nicht Ihr Problem? Im Gegenteil, Sie haben viele Pläne und Zukunftsvisionen, wissen aber nicht, wo und wie Sie mit der Umsetzung anfangen sollen? Neigen Sie vielleicht auch dazu, nach anfänglicher Euphorie bei den ersten auftauchenden Schwierigkeiten alles hinzuwerfen und sich lieber dem nächsten Projekt zu widmen?

Für die träumerischen Visionäre unter Ihnen haben wir ein paar handfeste Tipps, wie Sie aus den wunderbaren Luftschlössern Schritt für Schritt solide Gebäude bauen.

1. Zielesammlung machen

So geht's: Schreiben Sie Ihre Ziele, Wünsche und Visionen zunächst ungeordnet auf. Ganz egal, ob es sich um große oder kleine Träume handelt, die Umsetzung viel oder wenig Mühe kosten und sie wenig oder viel Zeit in Anspruch nehmen wird. Lassen Sie weder innere noch äußere Kritiker zu Wort kommen. Lassen Sie Ihren Gedanken freien Lauf! Beispiel: Sie möchten eines Tages jeden Tag am Strand von Malibu joggen gehen und außerdem wünschen Sie sich endlich mehr Stauraum in Ihrem Zuhause.

Kleiner Trick: Es kann helfen, sich vorher zu überlegen, welcher Natur Ihre Ziele sein sollen: beruflich, partnerschaftlich, finanziell, gesundheitlich …

2. Ziele sortieren

So geht's: Nun ist es an der Zeit, dem Ganzen Struktur zu geben. Angelehnt an die klassische Betriebswirtschaftslehre unterteilen Sie Ihre Ziele in drei Rubriken. Sie können die Stichworte beispielsweise mit unterschiedlichen Farben markieren oder alles in drei unterschiedliche Spalten schreiben. Und zwar: 1. Kurzfristige Ziele (innerhalb eines Jahres zu erreichen), 2. Mittelfristige Ziele (in den nächsten drei Jahren zu erreichen) und 3. langfristige Ziele (frühestens in drei Jahren zu erreichen).

Kleiner Trick: Wenn Sie die Dinge auf dem Papier oder in einer Datei ordnen, werden sich dabei auch Ihre Ziele im Kopf zu sortieren beginnen.

3. Think big, act small

So geht's: Wählen Sie ein besonders attraktives langfristiges Ziel aus und überlegen Sie sich, welche kurz- und mittelfristigen Schritte nötig sind, um es erreichen zu können. Wenn Sie in etwa 10 Jahren ein Haus in Malibu haben wollen, könnte es sinnvoll sein, bereits jetzt die Sprachkenntnise zu verbessern, um in einigen Jahren fließend Englisch zu sprechen. Mittelfristig ist es vielleicht nötig, einen Job auszusuchen, dem Sie auch in den USA nachgehen können, oder einen Arbeitgeber zu wählen, der Dependancen in Nordamerika hat.

Kleiner Trick: Erstellen Sie Baumdiagramme, die, je konkreter die einzelnen Etappen zum Ziel, in vielen Verästelungen münden.

4. Plan B haben

So goht's: Identifizieren Sie mögliche Hindernisse und überlegen Sie sich, wie Sie diese aus dem Weg räumen, damit kleine Misserfolge nicht gleich das ganze Luftschloss zum Einstürzen bringen. Wenn Sie zum Beispiel von sich wissen, dass Sie an Wochenenden oder in den Ferien nur ausspannen möchten, planen Sie diese „Leerläufe" ein oder nehmen Sie sich für diese Zeit Aufgaben vor, die Sie Ihrem Ziel näher bringen, die aber auch Spaß machen. Arbeiten Sie nicht gegen Ihre Persönlichkeit!

Kleiner Trick: Versuchen Sie, sich realistische Etappenziele zu setzen, die erwartbare Schwierigkeiten berücksichtigen. So vermeiden Sie unnötigen Frust.

5. Fleißarbeit

So geht's: Erfolg kommt über Nacht? Das mag von außen manchmal so aussehen, doch in der Regel geht diesem scheinbar plötzlichen Erfolg jahrelange harte Arbeit voraus. Denn Talent alleine reicht nicht. Zum Glück gibt es erprobte Methoden, die Sie bei der Erledigung der Fleißarbeit unterstützen können, z.B. die sogenannte Pomodoro-Methode (S. 207). So beugen Sie Überforderung vor und können Ihrem Ziel schrittweise und kontinuierlich näherkommen.

Kleiner Trick: Holen Sie sich Hilfe, wenn nötig, oder delegieren Sie Aufgaben. Vielleicht können Sie einen Makler beschäftigen oder profitieren von der Expertise eines Coachings?

Nichts geht über den Job!
Wirklich? Manchmal genügt
es für mehr Zufriedenheit, die
Bedeutung des Berufs im
eigenen Leben zu hinterfragen.
In anderen Fällen muss es
eine 180-Grad-Wendung sein.

SO FINDEN SIE EINEN JOB, DEN SIE LIEBEN

30 bis 40 Stunden pro Woche sind ein beträchtlicher Teil Ihrer Zeit. Sie träumen davon, ihn in einem Umfeld zu verbringen, das Ihnen guttut, und sich mit Dingen zu beschäftigen, die Ihnen Freude bereiten? Doch Ihr Job scheint diese Bedürfnisse nicht zu erfüllen? Machen Sie zunächst eine Bestandsaufnahme Ihrer jetzigen Beschäftigung: Womit sind Sie zufrieden? Womit nicht? Was fehlt Ihnen?

Überblick verschaffen Bewerten Sie Ihre aktuelle Jobsituation detailliert: Fühlen Sie sich motiviert? Gefällt Ihnen, was Sie tun und mit wem Sie zusammenarbeiten? Mögen Sie das Unternehmen und wofür es steht? Fühlen Sie sich respektiert und wertgeschätzt? Werden Sie fair bezahlt?

Bleiben oder gehen? Fühlen Sie sich unter- oder überfordert oder wünschen Sie sich mehr Sinnhaftigkeit? Dann fragen Sie sich zunächst, ob es möglich ist, Ihren Job so umzugestalten, dass er Sie mehr erfüllt. Vielleicht können Sie sich in andere Projekt einbringen oder anspruchsvollere Aufgaben übernehmen. Vielleicht ist es auch eine Option, Ihre Stunden zu reduzieren und dadurch Entlastung zu erfahren. Wenn Sie alle Optionen ausgelotet haben und trotzdem unzufrieden sind, ist es womöglich an der Zeit, sich etwas ganz Neues zu suchen.

1 Traumjob definieren Sie müssen Ihren Traumjob nicht ausüben, sollten sich aber Gedanken machen, welche Aspekte Ihnen so reizvoll erscheinen. Welchen spezifischen Aufgaben möchten Sie nachgehen? Und welche Fähigkeiten brauchen Sie dazu? Können Sie vielleicht mit Ihren Soft Skills überzeugen?

2 Recherchieren Eine Stellenausschreibung hat Ihr Interesse geweckt oder Sie haben ein Angebot erhalten? Versuchen Sie, so viel wie möglich über das Unternehmen, die Arbeitskultur und die erwarteten Aufgaben herauszufinden. Schauen Sie sich den Social-Media-Auftritt an oder sprechen Sie mit (ehemaligen) Mitarbeitenden. Denken Sie daran: Nicht nur Sie bewerben sich um eine Stelle, sondern auch das Unternehmen um Ihre Person!

3 Nicht zögern Sie glauben, eine Stelle könnte Ihnen gefallen? Bewerben Sie sich sofort! Denn: sich auf eine Stelle zu bewerben, bedeutet nicht, sie anzunehmen – warum also nicht die Chance nutzen? Recherchieren können Sie später – sollten Sie auch!

Nur ein Satz?

Eine amerikanische Studie hat gezeigt, dass sich Menschen mit geringem Selbstbewusstsein **SCHLECHTER** fühlen und an Antrieb verlieren, wenn sie den Satz „Ich bin eine liebenswerte Person" aufsagen.

Ein Glaubenssatz ist im besten Fall eine **ORIENTIERUNGSHILFE**, im schlechtesten Fall aber ein zusätzlicher Anspruch, der nicht erfüllt werden kann.

Du bist von großem Erfolg gesegnet

„ICH BIN ERFOLGREICH!" – in Coachings wird oft empfohlen, sich einen positiven Glaubenssatz zu kreieren. Doch diese Form der Autosuggestion kann kontraproduktiv sein. Vor allem, wenn Ihnen der Satz unglaubwürdig erscheint, Sie das Gefühl haben, ihm nie gerecht zu werden, oder sich Dogmen dazugesellen wie: „Du musst nur fest an den Erfolg glauben, dann klappt das schon." Denn wenn Sie ohnehin Selbstzweifel haben, liegt der Gedanke „Aber ich bin nicht so erfolgreich, wie ich sein könnte" ganz nah. Und das ist gar nicht positiv.

Ein ganzer Schatz!

Jeder Mensch hat blinde Flecken und kann die **EIGENE SCHÖNHEIT** nicht umfassend erkennen! Vertrauen Sie Ihnen nahestehenden Menschen.

Wer an sich selbst glaubt, ist zuversichtlicher, gerade in **ZUKUNFTSFRAGEN.** Und an wen geglaubt wird, der ist mutiger, neue Schritte zu gehen.

„ICH KANN GUT VERHANDELN." – Sammeln Sie konkrete, positive Aussagen, die Ihrem individuellen Charakter entsprechen und sich für Sie wahr anfühlen. Schauen Sie einmal zurück, was Sie in Ihrem Leben bereits erreicht haben, welche besonderen Qualitäten Sie mitbringen und welcher Reichtum Sie umgibt. Sie sind ein einzigartiger Mensch, der viel erlebt hat und durch seine ganz eigene Art besticht, die nicht mit nur einem Satz zu fassen ist. Ihnen fällt schwer, das zu glauben? Dann fragen Sie doch mal Ihre Freunde, was sie an Ihnen schätzen.

Eine Sache für den Profi
Auch Schlafmangel, ADHS
und Depressionen können
Ursachen für das Aufschieben
von Arbeit sein. Falls Sie das
bei sich vermuten, sollten
Sie mit Ihrer Ärztin oder
Ihrem Arzt sprechen.

ANFANGEN, NICHT AUFSCHIEBEN

Prokrastination ist nicht ungewöhnlich. Schließlich ist die Unlustvermeidung ein menschliches Grundbedürfnis und Internetvideos oder ein Schnack mit dem Kollegen machen einfach mehr Spaß als einen Bericht zu schreiben. Meist sorgen Selbstkontrolle und Motivation dafür, dass die Arbeit am Ende doch noch erledigt wird – oft erst kurz vor Schluss, denn durch den erhöhten Zeitdruck steigt auch die Motivation. Auf Dauer ganz schön stressig!

Gründe für Prokrastination

Wieso also schieben wir Arbeit auf, obwohl wir sie eigentlich erledigen wollen? Die persönlichen Ursachen sind vielfältig und reichen von Perfektionismus über mangelnde Motivation und die Abneigung gegen bestimmte Aufgaben bis hin zu körperlicher oder geistiger Erschöpfung.

Prokrastination als Schutz

Auch Verhaltensweisen wie die Selbstbeschränkung können eine Ursache für Prokrastination sein. Man schiebt die Arbeit auf, um im Falle eines Misserfolgs die Schuld auf die Prokrastination schieben zu können, statt Verantwortung für die eigenen Fähigkeiten zu übernehmen. Schluss damit!

1 Planung verbessern
Teilen Sie Ihre Arbeit in kleine und überschaubare Schritte auf und legen Sie Etappenziele und Fristen für sich fest. Wenn beispielsweise ein Projekt nur einen einzigen Endtermin vorsieht, können Sie sich Zwischentermine setzen, um vorausschauend zu planen, mehr Verantwortung zu übernehmen und sich motivierter zu fühlen. Formulieren Sie Ihre Ziele möglichst konkret, z. B.:

„Täglich von 10.00 bis 11.00 Uhr arbeite ich an der Präsentation und stelle sie bis Freitag fertig."

2 Motivation steigern
Stellen Sie sich vor, wie Sie nach getaner Arbeit entspannen können, wie Sie für Ihre Fortschritte belohnt werden oder wie unangenehm es sein wird, mit dem Verpassen eines wichtigen Termins konfrontiert zu werden. Und wenn niemand anderes es tut, belohnen Sie sich selbst für erledigte Arbeit.

3 Denkweise ändern
Erlauben Sie sich, Fehler zu machen. Wenn Sie einen Projektvorschlag formulieren sollen, akzeptieren Sie, dass Ihre Arbeit nicht perfekt sein wird – vor allem nicht beim ersten Entwurf. Setzen Sie sich mit Ihren Ängsten, z. B. vor negativem Feedback, auseinander und versuchen Sie, mitfühlend mit sich zu sein (siehe S. 111).

Die Uhr läuft …
Produktives und strukturiertes Arbeiten lässt sich lernen. Bewährte Methoden können dabei helfen.

PRODUKTIV IN INTERVALLEN

So manche Arbeit macht einfach keinen Spaß, muss aber erledigt werden, damit Sie danach mal so richtig durchatmen können. Damit sich lästige Pflichten nicht zu handfesten Problemen auftürmen, hier eine praktische Methode, um Aufgaben Schicht für Schicht zu erledigen.

Die Pomodoro-Technik
ist eine erprobte Methode, das eigene Zeitmanagement zu optimieren. Durch eine strukturierte und rhythmische Planung von Arbeits- und Pausenzeiten wird Abschweifen verhindert. Selbst bei komplexen Aufgaben sinken die Widerstände, da die einzelnen Abschnitte überschaubar werden. Der Effekt: Sie sind fitter, konzentrierter, früher fertig und abends nicht mehr so müde.

Der nette Name bedeutet übrigens „Tomate" auf Italienisch und geht auf die bekannte Küchenuhr in Tomatenform zurück, die Francesco Cirillo, der Entwickler der Methode, dafür verwendete. Mittlerweile gibt es natürlich längst auch Apps, die den Pomodoro-Rhythmus vorgeben.

Ein kompletter Pomodoro-Zyklus dauert zwei Stunden und 25 Minuten. Je nach Arbeitsmodell können Sie Ihre Stundenanzahl auf diese Weise am Stück oder verteilt über den Tag ganz flexibel anwenden.

1 Skizzieren Sie Ihre Aufgabe schriftlich. Priorisieren Sie Themenbereiche und schätzen Sie den Zeitaufwand ein, den Sie für die Erledigung benötigen. Setzen Sie realistische Ziele und teilen Sie große Aufgaben in Teilaufgaben. Eine Pomodoro, also eine Arbeitseinheit, beträgt 25 Minuten – in dieser Zeit sollten Sie etwa abschließen können, um ein Erfolgserlebnis zu haben.

2 Wecker stellen Stellen Sie den Wecker auf 25 Minuten oder starten Sie in der App den ersten Pomodoro. Legen Sie los! Bearbeiten Sie die Aufgabe, bis der Wecker klingelt. Dann machen Sie einen Haken an die Aufgabe.

3 Kurze Pause Machen Sie eine Pause von fünf Minuten. Stehen Sie kurz auf, atmen Sie durch.

4 Vier Durchgänge Nun geht es von vorne los. Führen Sie insgesamt vier Pomodoros (25 Minuten Arbeitszeit) mit jeweils einer Pause von fünf Minuten durch.

5 Lange Pause Nach dem vierten Pomodoro legen Sie eine längere Pause von 30 Minuten ein. Geschafft! Nun könnte der nächste Zyklus starten.

DIE KUNST DER BEOBACHTUNG

Lernen wir von den Meisterinnen und Meistern! Wir sind es gewohnt, die Welt auf unsere bestimmte Art und Weise zu sehen. Um neue Perspektiven und Einblicke zu gewinnen, kann es nützlich sein, den Fokus bewusst zu versetzen. Denn über das Betrachten stellt sich das Begreifen ein, so die Theorie.

Durch die genaue Beobachtung erkennen wir Details, die uns ansonsten vielleicht verborgen bleiben. Dabei kann die Beobachtung sowohl nach außen als auch nach innen auf die eigenen Gefühle und Gedanken gerichtet sein.

Wagen Sie den Perspektivwechsel und probieren Sie es aus!

Jane Goodall & die Evolution

Die britische Verhaltensforscherin Jane Goodall widmete fast ihr ganzes Leben dem Beobachten von Affen, um auf die Evolutionsgeschichte des Menschen schließen zu können. Sie schaffte eine einzigartige Verbindung zu den Tieren und entdeckte bis dahin unbekannte Verhaltensweisen und Kommunikationsformen. Diese Feldstudien zeigen, wie aufmerksames Beobachten Fremdes vertraut werden lässt.

Tipp: Das nächste Mal, wenn Ihnen etwas fremd erscheint und vielleicht sogar Unbehagen auslöst, versuchen Sie zunächst, es urteilsfrei zu beobachten. Das gelingt mit einer Spinne ebenso wie mit dem neuen Nachbarn.

Sigmund Freud & die Träume

Der Arzt und Begründer der Psychoanalyse sah in Träumen einen Weg in das Unterbewusstsein seiner Klientinnen und Klienten. Über die Traumdeutung wurden bis dahin verborgene und verdrängte Wünsche und Sorgen bewusst, besprechbar und verstehbar gemacht. Nach Freud war die Beobachtung der Träume eine Möglichkeit, psychische Störungen zu beheben und für ein zufriedeneres Leben zu sorgen.

Tipp: Legen Sie sich ein Notizbuch neben das Bett und schreiben Sie Ihre Träume direkt nach dem Aufwachen hinein. Vielleicht erkennen Sie wiederkehrende Motive, die Ihnen Aufschluss über Ihr Inneres geben können.

Buddha & die Gedanken

Ob nun unter dem Baum oder irgendwo am Fluss, der Legende nach gibt es zahlreiche Plätze, an denen Buddha seine Gedanken beobachtet hat. Dabei hat er sich insbesondere mit Anhaftung (Was will ich haben?) und Abneigung (Was will ich nicht haben?) auseinandergesetzt. So konnte er den Geist verstehen lernen und eine Lehre ins Leben rufen, die anderen Menschen eine Technik sein kann, entspannter zu leben.

Tipp: Legen Sie sich auf eine Wiese oder setzen Sie sich ans Fenster und schauen Sie in den Himmel. Lassen Sie Ihre Gedanken wie Wolken an sich vorbeiziehen, ohne diese zu bewerten oder weiter zu verfolgen.

Frida Kahlo & der Schmerz

Aufgrund eines Unfalls musste Frida Kahlo viel Zeit ihres Lebens in Ganzkörpergips und Stahlkorsett liegend verbringen. Auch erlebte sie mehrere Fehlgeburten. Mit sich allein und ans Bett gefesselt, verarbeitete sie ihre Empfindungen als „Malerin des Schmerzes" in ihren Selbstporträts. Dabei gelang es ihr, Marter und Schönheit auf unvergleichliche Art und Weise poetisch miteinander zu verbinden.

Tipp: Malen oder zeichnen Sie ein Selbstporträt von sich. Achten Sie nicht auf ein fotografisches Abbild, sondern versuchen Sie, in sich hineinzuhorchen und Ihren Gefühlen durch Farben und Formen Ausdruck zu verleihen.

Alicia Alonso & die Sinne

Die kubanische, international erfolgreiche Primaballerina Alicia Alonso tanzte und choreografierte trotz schrittweiser Erblindung auf höchstem Niveau weiter. Neben sekundengenau geplanten Auftritten und speziellen Lichtsignalen, schafften insbesondere die intakten Sinne des Fühlens und Hörens dem fortschreitenden Ausfall des Sehsinns zu trotzen und ermöglichten ihr eine große Karriere bis ins hohe Alter.

Tipp: Verbinden Sie sich mit einem leichten Tuch die Augen und bewegen Sie sich – wahlweise zu Musik – durch einen Ihnen vertrauten und möglichst leeren Raum. Beobachten Sie die neuen sinnlichen Eindrücke.

Große Reise?

KILOMETERLANGE SANDSTRÄNDE, türkisfarbenes Wasser, exotisches Essen: Viele Menschen zieht es in ihrem Urlaub auf andere Kontinente. Doch so erlebnisreich und eindrucksvoll die Auszeit auch sein mag, entspannend ist eine Fernreise meist nicht. Intensive Planung vorab, Zeitverschiebung, Jetlag, ungewohntes Klima, unbekannte Gepflogenheiten, hohe Kosten und meist auch hohe Erwartungen – vor allem für Familien mit (kleinen) Kindern erzeugt all das oft zusätzlichen Stress und manch einer kommt urlaubsreif aus den Ferien zurück.

Kurzer Trip!

Die Länge ist nicht entscheidend: Schon nach **EIN BIS ZWEI TAGEN** ist die Erholung auf einem hohen Niveau, das dann kaum mehr steigt, egal, wie lange der Urlaub noch dauert.

Aus dem Auge, aus dem Sinn: Wichtiger als die geografische Entfernung ist der **GEISTIGE ABSTAND** zur Arbeit. Und den erreicht jeder anders.

SEEN, BERGE, WÄLDER, KULTUR: Für all das muss man gar nicht weit reisen. Die Erholungsforscherin Jessica de Bloom empfiehlt im Urlaub eine Mischung aus Entspannung sowie kulturellen und sportlichen Aktivitäten, die nichts mit der Arbeit oder mit Erledigungen zu tun haben. Und am besten ist es, wenn man sich solche Auszeiten nicht nur einmal im Jahr genehmigt, sondern immer mal wieder für kurze Zeit. Machen Sie doch einfach mal kleine Wanderausflüge und gönnen Sie sich Tage, an denen Sie müßig einem Hobby nachgehen.

Überall ist es anders
Und dennoch ist man sich bundesweit einig, dass Akzeptanz zum einen unvermeidlich ist und zum anderen für Leichtigkeit sorgen kann!

ET KÜTT WIE ET KÜTT

Manches ist wie es ist und wird auch immer so bleiben. Das zu akzeptieren kann schwerfallen. Wer jedoch eine gewisse Gelassenheit gegenüber den Vorkommnissen, die außerhalb der eigenen Kontrolle liegen, entwickelt, erspart sich eine Menge Nerven. Redewendungen deutscher Mundarten können Ihnen dabei helfen, sich in Akzeptanz zu üben.

Was ist Akzeptanz? Psychologisch betrachtet ist Akzeptanz die Bereitschaft, etwas anzunehmen, wie es ist. Nicht gleichzusetzen mit Befürworten! Wer etwas Unveränderliches nicht akzeptieren kann, wird permanent dagegen ankämpfen und letztlich immer verlieren. Durch Akzeptanz vermeiden Sie unnötiges seelisches und körperliches Leiden. Das ist eine hohe Kunst und zugleich etwas zutiefst Menschliches. Zumindest hat sich die Akzeptanz in zahlreiche Dialekte und damit in das kollektive Gedächtnis eingeschrieben:

Vertrauen auf Kölsch Eines der kölschen Grundgesetze ist: „Et hätt noch immer jot jejange." Heißt übersetzt: Wird schon gut gehen. Es ist ein Aufruf, Vertrauen in den Lauf der Dinge zu haben. Tipp: Konzentrieren Sie sich auf die guten Erfahrungen, die Sie schon im Leben gemacht haben.

Toleranz in der Schweiz „Muesch d Lüt näh wiä sii si, anderli hets kei." bedeutet nichts anderes als: „Du musst die Leute nehmen wie sie sind, andere gibt es nicht." Dahinter steckt die weise Erkenntnis, dass wir Menschen kaum verändern können. Tipp: Fangen Sie bei sich selbst an! Finden Sie jeden Tag etwas, das Sie an sich wertschätzen.

Müßiggang im Schwabenländle Machen Sie es wie die Schwaben: „Mr muss's nemma wie's kommt." Übersetzt: „Wir müssen es nehmen wie es kommt." Kann man die Dinge eh nicht ändern, lohnt es nicht, sich dagegen zu sträuben. Tipp: Sind Sie wütend oder traurig über etwas? Fragen Sie sich, ob Sie etwas an dem auslösenden Sachverhalt ändern können?

Distanz in der Hauptstadt Typisch Berliner Schnauze: „Dit is mir schnurzpiepe." Ein bisschen „Egal"-Haltung kann Zeit und unnötige Diskussionen ersparen.

Stopptaste in Sachsen Mit „Feense hier ni ega so rum!" wird ausgedrückt, dass es irgendwann gut ist mit der Jammerei. Tipp: Sich zu beschweren, hat oft gute Gründe. Allerdings sollte das Jammern nicht zu einem Dauerzustand werden. Fragen Sie sich lieber: „Womit bin ich zufrieden?"

EINFACH LOSLASSEN

Denken Sie an einen Asketen: Welches Bild taucht in Ihrem Kopf auf? Ein hagerer Wanderer, jemand, der am Wegesrand meditiert, eine weise Frau? Gemeinsam ist diesen Menschen, dass sie das Loslassen erlernt haben und dabei glücklich sind.

Loslassen nicht nur von den stofflichen Dingen, sondern auch von emotionalen Fesseln und Pflichten. Gerade Letzteres hat nichts mit Gleichgültigkeit gegenüber der Welt zu tun, sondern mit der Erkenntnis, dass man sich emotional nicht von Faktoren abhängig machen lassen darf, die man unmöglich ändern kann.

Üben wir also das Loslassen – von den Meinungen und Reaktionen anderer, von eingefahrenen Vorstellungen, von Dingen, die eben nur Dinge sind, und von der Vergangenheit.

Hier finden Sie vier Grundbausteine dafür und jeweils eine konkrete Übung.

DIE FRÜCHTE der Handlung loslassen

Selbstloses Handeln wird gern damit verwechselt, sich für andere aufzuopfern. Gemeint ist damit aber eigentlich ein Handeln, ohne an die „Früchte der Handlung" zu denken. Das klingt kryptisch? Eigentlich ist es ganz einfach. Wenn wir eine Arbeit erledigen, in der Hoffnung, danach ein Lob zu ernten, sind wir abhängig vom Ergebnis – und deshalb unter Stress. Genauso stehen wir unter Stress, wenn sich die Furcht einschleicht, der Aufgabe nicht gewachsen zu sein, an ihr zu scheitern.

Übung: Atmen Sie durch. Sagen Sie sich: „Ich werde es tun, so gut es geht – und schauen, ob ich etwas dadurch erreiche oder auch nicht." Der Schlüssel ist Gleichmut – nicht zu verwechseln mit Gleichgültigkeit – in Bezug auf Erfolg oder Misserfolg.

DIE VORSTELLUNGEN loslassen

Aus dem berühmten Tellerrand ist eine Blase geworden – eine Filterblase. Social Media lässt uns in dem Glauben, dass alle so sind und so denken wie wir. Zugegeben, das ist ein ziemlich angenehmes Gefühl. Aber natürlich klappt das auf Dauer nicht – und der Realitätsschock wird umso größer, je abgeschirmter wir vorher waren. Dabei kann es unglaublich anregend sein, einen Aspekt aus mehreren Blickwinkeln zu betrachten. Das sorgt nicht nur für buchstäblich neue Perspektiven, sondern fördert auch die Akzeptanz der Gegenseite und eine bessere Kommunikation mit ihr.

Übung: Überlegen Sie sich zu einer Ihrer Grundüberzeugungen mindestens eine weitere Sichtweise. Tauschen Sie darin beispielsweise Subjekt und Objekt, die Geschlechter oder den Kulturkreis. Der Schlüssel ist, in Konfliktsituationen trotz des eigenen Standpunkts auch anderen Sichtweisen eine Berechtigung einzuräumen und zu verstehen, woher diese kommen.

DIE DINGE loslassen

Stellen Sie sich vor, Ihre beste Freundin fragt Sie, ob sie sich Ihre Lederjacke für die Party ausleihen kann. Wird Ihnen unwohl bei der Frage? Sie hängen vielleicht sehr an dem Kleidungsstück – möchten aber gleichzeitig nicht, dass Ihr „Nein" Konsequenzen für Ihre Freundschaft hat. Gehen Sie in Gedanken durch Ihren Besitz und überlegen Sie, an welchen Dingen Sie wie stark hängen. Hat der jeweilige Gegenstand diese starke emotionale Bindung überhaupt verdient – etwa im Vergleich zu einer guten Freundschaft?

Übung: Bieten Sie Ihre Lieblingstasse, die eigentlich nicht für Besuch da ist, beim nächsten Mal einfach an. Der Schlüssel ist, das Loslassen im Kleinen zu beginnen. Dies bezieht sich aber nicht auf Dinge mit hohem ideellen Wert, die unwiederbringlich verloren wären.

DIE VERGANGENHEIT loslassen

Hätten Sie damals doch nur … dann wären Sie heute längst … – oder auch nicht. Denn niemand weiß, ob und wie etwas anders verlaufen wäre. Gedanken an das Bedauern oder Hinterfragen vergangener Entscheidungen können unmöglich aufgelöst werden, unmöglich zur Ruhe kommen. Denn die Vergangenheit ist vergangen, sie lässt sich nicht mehr ändern.

Übung: Lassen Sie die Vergangenheit los, akzeptieren Sie sie als bisherige Summe Ihres Lebens. Wenn Sie etwas ändern wollen, dann beginnen Sie genau heute damit! Der Schlüssel ist, anstelle der Vergangenheit die Zukunft im Blick zu haben. Sie können heute Ihre Zukunft selbst gestalten – um irgendwann zufrieden auf heute noch in der Ferne liegende Handlungen und Entscheidungen zurückzublicken.

ÜBUNG zum Loslassen

Legen oder setzen Sie sich ganz bequem hin. Nehmen Sie für einige Momente den Atem wahr, ohne einzugreifen. Spüren Sie, wie die Ein- und Ausatmung einfach kommt und geht, ganz ohne Anstrengung. Sobald Sie das Gefühl haben, dass Sie allmählich im Hier und Jetzt ankommen, beginnen Sie mit der Einatmung das Wort „Lass" und mit der Ausatmung das Wort „los" zu denken. Probieren Sie aus, ob es Ihnen leichter fällt, diese Worte zu denken oder zu flüstern. Beides ist möglich. Machen Sie diese Übung für ungefähr fünf Minuten und Sie werden sich danach leichter fühlen.

Möchten Sie mehr über
Gewaltfreie Kommunikation erfahren,
oder wissen, wie die Suche nach einer
Psychotherapeutin oder einem Psychotherapeuten funktioniert? Auf den nächsten Seiten
finden Sie neben weiterführenden Literaturhin-
weisen Adressen von nützlichen Websites mit
ergänzenden Informationen. Mithilfe des
Stichwortverzeichnisses können Sie
gezielt auf bestimmte Aspekte
des Buches zugreifen.

Service

PROFESSIONELLE HILFE FINDEN

THERAPEUTENSUCHE

Für gesetzlich Versicherte ist es wichtig, sich eine psychologische Psychotherapeutin oder eine ärztliche Psychotherapeutin mit Kassensitz zu suchen. Die Kosten für Behandelnde mit einer Heilpraktikerausbildung sowie für Therapeuten ohne Kassensitz werden in der Regel nicht von der Krankenkasse übernommen.

www.kbv.de

Die Terminservicestelle (TSS) der Kassenärztlichen Vereinigung Ihres Bundeslandes unterstützt gesetzlich Krankenversicherte bei der Suche nach einem schnellen Ersttermin bei einem Psychotherapeuten in ihrer Nähe. Die Wartezeit zwischen Anruf und Termin beträgt maximal vier Wochen.

www.deutschepsycho therapeutenvereinigung.de

Unter dem Reiter „Patienten" der Deutschen Psychotherapeutenvereinigung können Sie gezielt nach Therapeuten in Ihrer Nähe suchen. Das Tool bietet außerdem die Möglichkeit, die Suche auf ein gewünschtes Therapieverfahren, Störungsbild oder Thema einzugrenzen.

AKUTE HILFE IM KRISENFALL

In einer akuten seelischen Notlage und vor allen Dingen sobald in einer entsprechenden Situation unmittelbare Selbst- oder Fremdgefährdung (z.B. Suizidgefährdung) besteht, sollten Sie nicht zögern, sofort professionelle Hilfe aufzusuchen.

Ärztlicher Bereitschaftsdienst

Wenn es dringlich ist, ist es unerheblich, ob Sie körperliche oder seelische Not leiden. Wenden Sie sich an den ärztlichen (psychiatrischen) Bereitschaftsdienst. Dieser versorgt sowohl Kassen- als auch Privatpatienten. Die Telefonnummer ist deutschlandweit: 116 117

Krisenintervention

Alle psychisch Erkrankten im Krisen- und Notfall können rund um die Uhr ein Krankenhaus mit psychiatrischer Abteilung aufsuchen und sich über die Notfallambulanz aufnehmen lassen. Eine Voranmeldung ist nicht notwendig! Bei akuter Lebensgefahr, z.B. bei Suizidabsichten, können Sie auch den Rettungswagen (112) rufen.

Telefonseelsorge

Hier finden Sie zu jeder Tages- und Nachtzeit ein offenes Ohr. Die Telefonnummern sind bundesweit 0800-1110111 und 0800-1110222. Anrufe sind kostenlos und bleiben anonym. Hilfesuchende haben außerdem die Möglichkeit, sich per E-Mail oder in einem Chat schriftlich mit einer Seelsorgerin oder einem Seelsorger auszutauschen, falls das Reden schwer fällt. Darüberhinaus bietet die App der Telefonseelsorge KrisenKompass eine Art Notfallkoffer für verschiedene Krisensituationen.

RAT PER MAUSKLICK UND WEITERFÜHRENDE LITERATUR

WEBSITES

www.test.de

Ob Meditations-App, Online-Psychotherapie oder Matratze – auf der Website der Stiftung Warentest finden Sie viele aktuelle Tests aus den Bereichen Gesundheit, Multimedia, Haushalt und Ernährung. Nachrichten zu aktuellen Themen, Trends und Urteilen sind in der Regel kostenlos abrufbar.

www.hellobetter.de

Stiftung Warentest hat acht Online-Programme gegen Depressionen getestet – darunter zwei des Get.On Instituts, mittlerweile umbenannt in HelloBetter. Beide wurden als empfehlenswert eingestuft. Auf der Website finden Sie Hilfe bei Depressionen, Stress, Angst, Panik, Burn-out und bei weiteren psychischen Beschwerden. Die (kostenpflichtigen) Online-Kurse basieren auf wissenschaftlich geprüften Methoden und werden persönlich begleitet. Darüber hinaus gibt es viele nützliche kostenlose Beiträge zu den genannten Themen.

www.mbsr-verband.de

MBSR (engl.: Mindfulness-Based Stress Reduction) hat sich als grundlegendes und am besten erforschtes Achtsamkeitstraining etabliert. Das achtwöchige Programm wurde bereits in den 1970er-Jahren von dem Molekularbiologen Dr. Jon Kabat-Zinn an der Universitätsklinik in Worcester, Massachusetts (USA) entwickelt und wird weltweit im Gesundheitsbereich, in pädagogischen und sozialen Einrichtungen sowie in Unternehmen erfolgreich angewendet. Als Trainingsprogramm für den Geist verbindet es meditative Übungen in Ruhe und Bewegung mit Ansätzen aus der modernen Psychologie und Stressforschung. Unter dem Reiter „Kurse" können Sie nach Angeboten in Ihrer Nähe suchen.

LITERATUR

Weiterführende Literatur zu psychischen Störungen und Verhaltensweisen, die nicht pathologisch sind, aber dennoch belasten, sowie Informationen für eine gesündere Lebensgestaltung finden Sie unter anderem hier:

Anna Höcker, Margarita Engberding und Fred Rist, „Heute fange ich wirklich an!: Prokrastination und Aufschieben überwinden – ein Ratgeber", Hogrefe Verlag

Emily Nagoski, „Komm, wie Du willst, das neue Frauen-Sex-Buch", Knaur-Verlag

Vera King, Benigna Gerisch, Hartmut Rosa, „Lost in Perfection", Suhrkamp-Verlag

Kristin Neff, „Selbstmitgefühl: Wie wir uns mit unseren Schwächen versöhnen und uns selbst der beste Freund werden", Kailash-Verlag

Ralf Sturm, Katharina Middendorf, „Happy-End im Kopfkino", Gräfe & Unzer Verlag

Ralf Sturm, Katharina Middendorf, „Bereit für die Liebe, wenn Du denkst es ist vorbei, fängt es eigentlich erst an!", Kamphausen-Verlag

Marhsall B. Rosenberg, „Gewaltfreie Kommunikation: Eine Sprache des Lebens", Junfermann Verlag

Gary Chapman, „Die fünf Sprachen der Liebe – Wie Kommunikation in der Partnerschaft gelingt", Francke-Buch

Dr. Christine Hutterer, Prof. Dr. Christine Rummel-Kluge, „Depression. Das Richtige tun: Sicherheit bekommen in akuten Situationen. Behandlung mit Medikamenten. Erfahrungen, die Mut machen: Ein Ratgeber für Angehörige und Freunde", Stiftung Warentest

STICHWORTVERZEICHNIS

© 2022 Stiftung Warentest, Berlin

Stiftung Warentest
Lützowplatz 11–13
10785 Berlin
Telefon 0 30/26 31–0
Fax 0 30/26 31–25 25
www.test.de
email@stiftung-warentest.de

USt-IdNr.: DE136725570

Vorstand: Hubertus Primus
Weitere Mitglieder der Geschäftsleitung:
Dr. Holger Brackemann, Julia Bönisch, Daniel Gläser

Programmleitung: Niclas Dewitz

Autorin: Katharina Middendorf, Berlin
Projektleitung: Lisa Frischemeier, Johannes Tretau
Lektorat: Lisa Frischemeier
Mitarbeit: Merit Niemeitz
Korrektorat: Nicole Woratz, Berlin

Fachliche Unterstützung: Dr. Jana Christina Müller,
Hamburg; Ralf Sturm, Berlin
Fotografie: Yelda Yilmaz, Hamburg
Titelentwurf, Grafik, Satz: Christian Königsmann
Bildredaktion: Josephine Rank, Berlin; Christian
Königsmann
Bildnachweis: Adobe Stock: 22, 23, 30, 70, 71, 85, 112,
124, 125, 180, 206, 209; Gettyimages (Titel); 13, 14, 15, 20,
24, 32, 36, 44, 48, 54, 58, 64, 84, 85, 90, 92, 93, 94, 98, 99,
120, 124, 125, 132, 134, 142, 150, 151, 156, 166, 176, 177,
186, 196, 198, 199, 200, 204, 208, 209, 212; Shutterstock:
16; Wikimedia: 208

Produktion: Christian Königsmann
Verlagsherstellung: Rita Brosius (Ltg.), Romy Alig,
Susanne Beeh
Litho: tiff.any, Berlin
Druck: brandenburgische universitätsdruckerei, potsdam

ISBN: 978-3-7471-0451-4

Wir haben für dieses Buch 100 % Recyclingpapier und
mineralölfreie Druckfarben verwendet. Stiftung Warentest
druckt ausschließlich in Deutschland, weil hier hohe Um-
weltstandards gelten und kurze Transportwege für geringe
CO_2-Emissionen sorgen. Auch die Weiterverarbeitung
erfolgt ausschließlich in Deutschland.